ARQUITETURA
EMOCIONAL

ARQUITETURA EMOCIONAL

CRISTIANA CASTRUCCI

7 passos para construir uma vida feliz e alcançar o sucesso

São Paulo-SP
Brasil

Copyright © 2022 da Autora

Todos os direitos desta edição reservados à autora

Editor-chefe: Eduardo Infante

Projeto gráfico da capa: Agência AS

Projeto gráfico do miolo: Julio Portellada

Diagramação: Estúdio Kenosis

Revisão de texto: Flávia Cristina de Araujo

```
Dados Internacionais de Catalogação na Publicação (CIP)
         (Câmara Brasileira do Livro, SP, Brasil)

   Castrucci, Cristiana
      Arquitetura Emocional : sete passos para
   construir uma vida feliz e alcançar o sucesso /
   Cristiana Castrucci. -- 1. ed. -- São Paulo :
   Prata Editora, 2020.

      ISBN 978-65-86262-00-1

      1. Autoajuda 2. Autoconhecimento
   3. Autorrealização 4. Crescimento pessoal
   5. Emoções 6. Felicidade I. Título.

22-106339                           CDD-150.1988
```

Índices para catálogo sistemático:

1. Felicidade : Bem-estar : Psicologia positiva
   150.1988

Aline Graziele Benitez - Bibliotecária - CRB-1/3129

Prata Editora e Distribuidora
www.prataeditora.com.br
facebook/prata editora

Todos os direitos reservados ao autor, de acordo com a legislação em vigor. Proibida a reprodução total ou parcial desta obra, por qualquer meio de reprodução ou cópia, falada, escrita ou eletrônica, inclusive transformação em apostila, textos comerciais, publicação em websites etc., sem a autorização expressa e por escrito do autor. Os infratores estarão sujeitos às penalidades previstas na lei.

Impresso no Brasil/*Printed in Brasil*

DEDICO ESTE LIVRO

A Deus, que me deu a vida generosamente, cheia de amor e fé dentro d'alma.

À Ana Maria, que abriu a porta para um mundo onde a lógica é o sentimento e a razão, o coração.

Ao Antônio Carlos, que com a sua capacidade inquestionável de justiça, promove equilíbrio e harmonia.

À Giulia, que com sua persistência, dança com leveza e graça pelo mundo espalhando amorosidade.

Ao Vittorio, que com imensa empatia e generosidade na arte dos relacionamentos, promove os caminhos do equilíbrio.

Ao Luigi, que com seus sonhos distantes, promove a liberdade dotado de coragem e autoconfiança.

E a todos que buscam um equilíbrio interno, trabalhando incessantemente pelo autoconhecimento, agarrando todas as oportunidades de crescimento pessoal para se tornarem verdadeiros e livres.

AGRADECIMENTOS

Denise, minha prima amada e parceira de inúmeras histórias contadas durante as caipirinhas, obrigada pela dedicada participação.

Zilda, querida amiga e fiel cúmplice dos meus sonhos, obrigada pelo carinho que deu ao meu novo projeto de vida, tornando-o uma realidade.

Mara, companheira de escola e de novos projetos, obrigada pela colaboração e por suas palavras, que enobrecem o novo olhar da arquitetura.

> A felicidade não é um destino, é uma viagem.
> A felicidade não é amanhã, é agora.
> A felicidade não é uma dependência,
> é uma decisão.
> A felicidade é o que você é,
> não o que você tem.
>
> OSHO

SUMÁRIO

Prefácio de Mara Chap Chap 13

Introdução 21

Por que preciso conhecer minhas emoções?
por Zilda Maria de Paula Machado 29

As sete palavras mágicas 37

Sete passos para construir uma vida feliz 39

A importância da Arquitetura na vida contemporânea
por Denise Menegon Castrucci 41

Como arquitetar minhas emoções? 45

   1º Passo – Arquitetos Pessoais 47

   2º Passo – Emoções Básicas 67

   3º Passo – Personagens Adquiridos 83

   4º Passo – Sabotadores Anônimos 91

   5º Passo – Hábitos Emocionais 103

   6º Passo – Modelo Arquitetônico 111

   7º Passo – Diagrama de Blocos 119

Lista de Emoções 137

Curiosidades sobre o número sete 143

Bibliografia 147

Colaboradoras 149

Sobre a autora 151

Outras obras da autora 153

Suas conclusões 157

> Não entendo quem tem medo dos vãos livres.
> O espaço faz parte da arquitetura.
>
> De um traço nasce a arquitetura.
> E quando ele é bonito e cria surpresa,
> ela pode atingir, sendo bem conduzida,
> o nível superior de uma obra de arte.
>
> **OSCAR NIEMEYER**

PREFÁCIO

Conheci Cristiana na época da escola, há um bom tempo. Apesar de ser mais nova do que eu e não estarmos na mesma série, nossa escola era relativamente pequena e conhecíamos a maioria dos alunos que tinham idades próximas às nossas.

O tempo passou, Cris tomou rumos pessoais e profissionais diferentes dos meus. Há 3 anos, convidei alguns amigos para uma palestra que estava organizando para divulgar o trabalho do monge Satyanatha que acabava de se instalar no Brasil. E, grata surpresa, fiquei feliz em revê-la como namorada de um amigo meu, o Teo, seu atual companheiro. Continuamos nos cruzando em alguns cursos por aí e em eventos sociais de alguns amigos em comum. Mas, de fato, minha alma se encontrou com Cristiana num almoço que marcamos para falar da tal Arquitetura Emocional que ela estava escrevendo...

Eu me interessei muito em saber mais sobre o assunto, pois estou num caminho que me leva a repensar também na Arquitetura sob um outro olhar — o do Ser. E aqui estou.

Cristiana nos apresenta ao processo didático de escrutinarmos nossas emoções e sentimentos. Esse processo nos possibilita ver com clareza alguns arquétipos que criamos em nossas vidas, como por exemplo personalidades adquiridas, autossabotadores anônimos, assim como outros pontos interessantes, se pararmos para observar com intenção, atenção e consciência nossas respostas e comportamentos ao longo da vida.

Ao observarmos com a intenção de transformar, nos conscientizamos de hábitos e comportamentos padrões que nos atrapalham e que adotamos por inércia ao longo do tempo e assim nos tornamos capazes de dissolvê-los e fazer novas escolhas, trazendo à tona lindas transformações em nossas vidas. O início deste processo se dá através do caminho do autoconhecimento que, em geral, consiste em sete etapas.

Aqui, estabeleço a correlação entre as etapas citadas no livro e o vínculo criado entre o profissional de arquitetura e o cliente durante o processo de construção ou renovação de um novo espaço, desde o início até a finalização de um projeto.

Ao fazermos um projeto de arquitetura de qualquer espaço, seja ele público ou particular, residencial ou corporativo, também passamos por diversas "etapas de produção e linhas de montagem".

É necessário desmembrar a ideia principal e o foco a ser atingido em vários outros projetos complementares e imprescindíveis para a eficiência técnica, funcional, estética e emocional do projeto a ser realizado.

Precisamos, num primeiro momento, entrevistar nossos clientes. Conversas de empatia e afetividade, sem perder o foco e o olhar técnico. Seus hábitos, jeitos de viver a vida e o espaço, avaliar suas expectativas e tantas outras sutilezas, faladas e sentidas. Esse é um dos momentos mais importantes do processo da construção do novo projeto e futuramente, da execução real e concreta da obra ou reforma.

Sobre *Observar, Refletir, Conscientizar, Ressignificar*:

O processo criativo de um arquiteto está baseado na observação. Observar cada gesto, a escolha das palavras ditas e as não ditas, olhar para o cliente com muito respeito e acolhimento para assim criar um campo energético e vínculos de consideração e confiança. Dessa forma, fica muito mais fácil iniciar a verdadeira escuta aos hábitos de vida do cliente, suas necessidades, costumes e valores.

Após receber o programa de usos, costumes e necessidades, e a delimitação do espaço a ser trabalhado, o cliente que procura o profissional de arquitetura é convidado a uma troca de ideias e experiências.

Nesse momento é indicado fazermos juntos algumas reflexões sobre o quanto as solicitações passadas fazem sentido em seu momento de vida atual ou são possíveis de serem realizadas dentro de um novo espaço/tempo/*budget*.

Acredito que o papel mais significativo do arquiteto da nova era é ser o agente facilitador do processo de ressignificação e decodificação de expectativas em diversas áreas da vida concreta e afetiva do cliente. Usamos a casa ou o novo espaço a ser construído como linguagem.

Na medida em que orientamos a condução do processo de reflexão sobre como se desejaria viver no novo espaço a ser construído, trazemos à tona a clareza do que incomoda em seu espaço atual, quais são seus sonhos e desejos e o quanto isso está em verdadeira ressonância com a sua essência. O que se gosta ou desgosta, o porquê e o que manter e o que se desfazer, as relações com objetos significativos e emocionais.

Inicia-se então a fase de anteprojeto na qual o trabalho do arquiteto consiste em organizar as ideias e o programa passado em forma de projeto de arquitetura, setorizando, tornando funcional, aliando estética às novas possibilidades de vivenciar os espaços com referências ilustrativas através de fotos e/ou perspectivas.

Convido o cliente a se questionar: Aquilo que está ao nosso redor é uma expressão do nosso mundo. O que "sua casa atual" está expressando sobre você? Como você imagina morar, ser, experienciar o novo espaço? Sua casa te representa? Olhar ao nosso redor é uma poderosa ferramenta de autodescoberta!

A criatividade humana e tudo que decorre dela (literatura, artes, ciências, filosofia) é resposta ao fato de sermos seres que se relacionam com o espaço ao nosso redor em busca de soluções para problemas e conforto, seja material ou emocional/espiritual. Seres inseridos no tempo entre nascimento e morte.

São tentativas de colorirmos a existência com o que temos de melhor, fazendo cada dia valer a pena. Somos seres em constante transformação. A grande arte está em harmonizar os novos olhares com atenção, consciência, abertura, flexibilidade e leveza.

Sobre *escolhas...*

Somos produtos das nossas escolhas, tanto as boas quanto as más. Novas escolhas são sempre desconfortáveis, pois invariavelmente descartamos uma opção e as que escolhemos são desconhecidas e nos tiram de nossa zona de conforto. E zona de conforto não é necessariamente algo "confortável".

Muitas vezes, podemos estar repletos de sentimentos negativos, como medo, baixa autoestima, procrastinação e todos aqueles sentimentos que estão inseridos no nosso modo de operar a vida. Mesmo maléficos a nós mesmos, e de natureza não construtiva, esses sentimentos são confortáveis na medida em que fazem parte de um território "conhecido".

Através de novas escolhas conscientes de como queremos perceber, interpretar e interagir com o mundo, a transformação se torna possível. A transformação se dá através da inquietação e da vontade do aperfeiçoamento pessoal que acontece na tensão entre o perfeito (esperado) e o imperfeito (inesperado).

As artes, há mais de um século, romperam com os ideais de perfeição do passado. A estética baseada na imperfeição é tão essencial quanto a baseada na perfeição. O ser humano precisa de ambas para se sentir amplamente representado.

Afinal, somos produtos de inúmeras perfeições e imperfeições, simetrias e assimetrias, todas elas partes da essência do Cosmo. Nossa nova *casa* precisa ser significativa, fazer sentido para nós. Ela é parte do mundo e, ao mesmo tempo, nosso ponto de refúgio e integração. Único e especial.

Somos um grão de areia. Cada mudança comportamental individual impacta não só a nós mesmos, mas a cada um com quem nos relacionamos e, energeticamente, aos objetos, ao ambiente em que vivemos e ao macrocosmo.

Através do processo de autoconhecimento é possível fazer a ligação entre essa tal "beleza interna", possibilitando escolhas assertivas em relação ao nosso templo sagrado, que consiste tanto em nosso próprio corpo como em nossa *casa*.

Ao alinhar o SER através de processos construtivos de autoconhecimento, adquirimos um novo conceito de estar, viver e morar. A sua nova *casa*, a partir desse trabalho, será o reflexo de seu universo interior, consciente e expandido. Cheio de perdão, cuidado e acolhimento.

Aqui, faço uso de um texto do sábio astrólogo Quiroga:

> "Tua casa não é apenas um endereço ao qual te diriges na hora de te recolher. Tua casa também é feita de arquitetura dos desejos que tomam um bom tempo de teus pensamentos e ideações. Tua casa também é feita dos convencimentos que

norteiam teus passos e sobre os quais tomas tuas decisões e fazes escolhas. Tua casa é feita dos vínculos com as pessoas que te servem de referência. Tua casa é tudo que proteges. Porque se algo acontecer a esses desejos, convencimentos ou relacionamentos, sentirás que o ataque é pessoal e reagirás com força para confrontar e vencer o que te coloca em perigo. Essa casa não existiu sempre, tua, a foste construindo ao longo da vida. Agora tu precisas fazer uma reforma estrutural nessa tua casa..."

O convite de Cristiana é para um mergulho no interior de sua morada. A transformação íntima trará o desabrochar da sua verdadeira essência, que após esse mergulho com certeza estará mais em harmonia com o seu propósito atual de vida. Alinhando Ser e Estar, todo seu universo exterior poderá se transformar.

Coragem, calma e bom mergulho!

Mara Chap Chap

> **Há um gosto de vitória e encanto na condição de ser simples. Não é preciso muito para ser muito.**
>
> **A emoção da ciência traduzida em técnica pelo homem é a mesma comunicada pela obra de arte. Equilíbrio, estrutura, rigor, aquele mundo outro que o homem não conhece, que a arte sugere, do qual o homem tem nostalgia.**
>
> LINA BO BARDI

> **Aqueles que olham para as leis da Natureza como um apoio para os seus novos trabalhos colaboram com o Criador.**
>
> ANTONI GAUDÍ

INTRODUÇÃO

Por que existem pessoas que fazem determinadas escolhas na vida, capazes de anular sua personalidade com intuito de esconder as dores e as fragilidades? E outras que buscam a produção e o desenvolvimento das emoções de forma positiva e se tornam um verdadeiro sucesso?

Entre tantas questões a serem respondidas, este livro pretende apresentar, de forma sistêmica, um caminho saudável e uma solução positiva para que você possa transformar a sua vida, replanejando seus objetivos de forma harmoniosa para alcançar o sucesso almejado.

Vou ajudar você a arquitetar suas emoções, reorganizando-as de forma simples e prática. Vamos reconstruir e ressignificar cada uma delas, principalmente as que têm atrapalhado o seu desempenho pessoal, para projetar um novo modo de viver — mais saudável e próspero.

Para dar início ao processo de construção pessoal, proponho uma série de questionamentos necessários para que você possa realizar uma importante transformação rumo ao seu inconsciente.

Então, eu pergunto:

- Você é feliz?
- O que causa estresse na sua vida?

- Você possui metas e não entende por que não consegue atingi-las?
- Você tem potencial e não alcançou seus objetivos?
- Você está satisfeito com suas relações pessoais?
- Você gostaria de ter uma vida próspera e segura?
- Você quer ter uma relação amorosa estável?
- O que falta para você ter sucesso?
- Você acredita em sorte?

Estas questões são de suma importância para que você trace um objetivo a ser alcançado. Assim, abriremos as primeiras portas do seu consciente em direção ao seu íntimo, ao seu EU.

Você busca alternativas para melhorar a sua vida?

Para mudar o seu mundo exterior é preciso que você inicie o processo de transformação interior.

- Quais consequências você pode sentir numa simples mudança?
- O que impede a realização de uma mudança?
- O que você está esperando?

Precisamos buscar uma conexão correta com o consciente para podermos encontrar uma solução plausível para os problemas que nos alimentam de forma negativa. O consciente coletivo pode levar você à escassez pessoal.

Tudo se resume numa única pergunta que martela nossa mente diariamente: o que eu fiz de errado? Sou uma pessoa cheia de qualidades e capacidade ilimitada, por que atinjo um baixo potencial, enquanto outros, com menos, conseguem atingir o seu máximo?

Estas e outras questões serão respondidas no decorrer deste livro, construindo alicerces para que você alcance suas metas, organizando seu espaço interno e possibilitando a sensação de plenitude em tudo que deseja realizar. Dessa maneira você estará preparado para conquistar sua grande e almejada felicidade.

Felicidade é algo intangível, e quando me refiro à esta palavra, estou tentando recolocar uma ordem no que acredito ser felicidade para mim.

Não buscamos a felicidade porque ela surge dentro de nós toda vez que nos sentimos satisfeitos e realizados. Quando o prazer e a alegria invadem os momentos da vida cotidiana com uma simples percepção das coisas que nos cercam. Geramos esses momentos sempre que dedicamos um tempo à nossa própria vida sem interferir negativamente na vida de outra pessoa.

Sua chave para a felicidade é única e distinta. Trace seus objetivos e tente cumpri-los sem grandes expectativas. Assim você pode sentir a emoção da alegria diversas vezes durante seus dias.

Vou oferecer um novo mecanismo de trabalho, proporcionando ferramentas necessárias para que você consiga, através da construção ou da reconstrução das suas emoções, realizar os seus projetos pessoais.

Não pretendo focar em psicoterapias e não sigo nenhuma linha específica na psicologia analítica. É a minha experiência conjuntamente com estudos e pesquisas que me deram condição e flexibilidade comportamental para desenvolver esta técnica de autoajuda.

Ela não invalida nenhum trabalho de desenvolvimento pessoal, simplesmente pretende acrescentar uma nova visão de cura emocional para que você possa obter um resultado positivo baseado em suas expectativas.

Esta metodologia mudou a minha vida e espero que possa mudar a sua também!

Muitas pessoas já arquitetaram suas vidas e conseguiram reconstruir conceitos estruturados com uma fundação equilibrada e saudável.

Sofremos inúmeras vezes, por diversos motivos, justos ou não e significativamente porque não sabemos lidar com as emoções descontroladas que desenvolvemos durante algumas situações, levando-nos a adquirir sentimentos que irão se aprisionar em nosso inconsciente, impedindo a liberação de forma segura e mais apropriada.

Eu consegui abandonar, na minha estrada da vida, as inúmeras e enormes pedras que carreguei nas costas por muito tempo, dentro da minha mochila.

Ao arquitetar as minhas emoções percebi que, a cada passo dado, eu conseguia deixar as pedras mais pesadas pelo caminho e os meus problemas passaram a encontrar soluções imediatas. Comecei a sentir uma paz sem medida, porque a minha mochila estava leve, carregando apenas as minhas melhores recordações, rumo ao meu projeto pessoal.

Quero que você sinta um imenso prazer ao conseguir se livrar do peso que vem carregando em suas costas. Desejo que você possa viver mais leve e feliz, e que possa estar mais preparado para fazer as suas próprias escolhas.

Assim, você estará pronto para lidar com as suas novas emoções, harmoniosamente equilibradas para atingir o seu sucesso pessoal.

Vamos juntos arquitetar as suas emoções?

Por que eu preciso conhecer as minhas emoções?

Depois de muito estudar o comportamento de pacientes com câncer, acabei descobrindo que a maior doença não estava na célula cancerígena que se desenvolvia num órgão, ou várias delas, mas sim na alma das pessoas durante a vivência e o confronto dos problemas que tinham que enfrentar.

Como uma pessoa poderia passar por um problema similar a outra, sem desenvolver nenhum tipo de enfermidade crônica como o câncer ou uma doença autoimune?

O que diferenciam as pessoas nesse exato momento? Por que o gatilho para ressignificar as atitudes e os conceitos de alguns é disparado e de outros, não?

De todas as sessões que participei, encontros e acolhimentos, percebi que todos os pacientes que estavam com câncer haviam sofrido algum tipo de trauma físico ou psicológico.

Esse trauma é responsável pelo desenvolvimento de sentimentos novos, muitas vezes involuntários e a maioria deles, inconscientes. Assim inicia-se o processo de desequilíbrio entre a realidade e a fantasia levando-os a experimentar novas emoções.

Todos expurgaram seus medos e tristezas, suas mágoas e decepções, criando um mecanismo de defesa interno capaz de gerar doenças quando não alertar o seu consciente.

O ponto mais importante de toda esta abordagem é que consegui desenvolver uma metodologia de trabalho para tentar recuperar a estima de muitas mulheres.

Quando comecei a trabalhar com mulheres que haviam sofrido pelo câncer, eu me identifiquei no conjunto das emoções que se apresentavam e passei a fazer uma autoanálise para descobrir por que eu havia desenvolvido determinados sentimentos, particularmente vindos das reações às dores que estava enfrentando.

Para exemplificar, vou citar alguém que conheci.

MARIA APARECIDA, uma senhora simpaticíssima, aos 73 anos de idade, foi diagnosticada com câncer mamário.

Ela é um desses casos raros, pois não teve a oportunidade de frequentar uma escola primária durante toda a sua infância, sendo alfabetizada pela mãe em sua própria casa. Aos sete anos de idade, já aprendeu os afazeres domésticos. Casou-se aos 14 anos e continua casada até hoje. Ela nunca havia saído do quarteirão da sua casa, não lhe era permitido, e com o passar dos anos, amedrontou-se.

Passou a vida contribuindo para o crescimento de seus filhos, cuidando da casa e dos afazeres domésticos. Seu mundo era pequeno e seus sonhos, totalmente tolhidos. E então, veio a doença.

Um dia descobriu — ao participar dos programas assistenciais no centro de apoio ao paciente com câncer — que a vida poderia ser diferente. Teve a oportunidade de sair de casa, do seu quarteirão seguro e de conhecer outras pessoas. Entendeu que seus sonhos não haviam terminado e que precisava trabalhar o perdão aos seus genitores e ao marido.

Começou a criar amizades novas, participando de jogos de tranca e lanches deliciosos. Compareceu aos diversos programas sociais que o instituto oferecia e passou a frequentar as salas de cinema —nunca havia assistido a um filme fora de casa. Viajou pela primeira vez para a praia logo que conseguiu se recuperar do tratamento massivo.

Hoje ela está curada, feliz e realizada com seus projetos pessoais, reunindo a família e os amigos em torno de uma nova perspectiva de vida.

> **❝**
> Se eu conseguir resistir aos convites da repetição, à tentação de reproduzir minhas antigas falas, (...), se eu deixar surgir um novo devir, se me comprometer e me expuser, poderei libertar o outro e a mim também.
>
> **MONY ELKAIM**

> O autoconhecimento tem um valor especial para o próprio indivíduo. Uma pessoa que se tornou consciente de si mesma, por meio de perguntas que lhe foram feitas, está em melhor posição de prever e controlar seu próprio comportamento.
>
> B. F. SKINNER

POR QUE PRECISO CONHECER MINHAS EMOÇÕES?

O texto a seguir, elaborado pela psicóloga e analista junguiana Zilda Maria de Paula Machado, traduz com muita destreza a importância de trabalhar as emoções dentro de nós mesmos do mesmo modo que fazemos em nossa moradia, para que possamos viver em harmonia e equilíbrio pessoal.

Nossa Casa

Habitamos em uma casa que abriga nosso coração, nossa alma.

Sabemos que não se trata de um lugar qualquer, mas o universo construído em nosso mundo interior. Espaço semelhante a um cadinho onde as transformações vão ocorrer. Estas acontecem a partir do barro no qual o ouro alquímico está escondido.

A nossa busca por uma casa nos coloca frente a frente com o arquétipo da Grande Mãe, o materno que alimenta, protege, transforma e que, como todos os outros, apresenta aspectos positivos e negativos.

Podemos pensar nos arquétipos como imagens universais que carregamos em nosso inconsciente, com as quais vamos dialogando durante a vida através dos sonhos, desenhos etc., sempre buscando "Tornar-se quem se é".

Nesse terreno tem início a formação da nossa casa e através da vida vamos juntando experiências, e aprendendo a lidar com as mesmas.

Precisamos lembrar que para construir e manter "a casa" em ordem, adequada ao nosso conforto e aprazível aos nossos familiares e convidados, necessitamos de um profissional competente.

Para a empreitada desse templo sagrado, nosso mundo interior, vamos precisar de nada mais, nada menos do que um arquiteto, metáfora muito bem apresentada por Cristiana.

Assim como fazemos nas construções, devemos estar atentos procurando onde estão aprisionadas nossas emoções e quais sentimentos elas provocam.

Sabemos que há diferentes tipos de templos e casas, assim como diferentes finalidades e interiores. Os templos celebram a vida, as casas abrigam essa vida.

Do ponto de vista simbólico, a casa representa nossa psique, ou seja, as várias instâncias de nosso consciente e inconsciente. Apresentando divisões em pavimentos superiores e inferiores.

Em nossa casa ficam abrigadas nossas vivências de todas as áreas — físicas, afetivas ou mesmo intelectuais.

Cada compartimento simboliza uma camada de nossa psique.

As diferentes épocas da vida revelam casas de diversos estilos, umas com porão, outras térreas, grandes, pequenas, casebres e palácios. Algumas até com sótão... Temos muito a descobrir em nosso interior.

Para desvendar a riqueza desse interior precisamos fazer uso da linguagem dos símbolos. Para Jung, "A visão do símbolo significa uma pista para o curso a seguir na vida".

Simbolicamente, cada pavimento de nossa casa tem uma correspondência:

O porão poderia corresponder ao inconsciente. O sótão seria o local da elevação espiritual.

E é no andar térreo, onde convivemos com o exterior, que nossa consciência promove a interação desses polos, mostrando-nos novas possibilidades de ser.

O contato e a relação com as imagens é pessoal, individual e única, podendo ampliar através do contato com um conhecimento extenso.

É aqui que vamos convidar o nosso arquiteto interno, aquele que nos apontará o melhor caminho a seguir, pois é através do processo de transformação da psique que surge a possibilidade do crescimento interior.

Nessa busca de sentido podemos encontrar o que queremos e o que não queremos, mas precisamos enfrentar as divergências.

Os símbolos trazem as imagens carregadas de emoção e afeto, coisa que nem sempre percebemos. À medida que vamos tendo contato com as mesmas e com a situação em que surgiram, as vivências emocionais vão aparecendo.

Dialogar com um símbolo é uma viagem única com todas as alegrias e desventuras possíveis. Exige sacrifício e um pedido de "Deus me ajude".

Ao final, apesar dos tropeços, deixa um legado que é só nosso e vai permanecer para sempre em nosso coração, ajudando-nos a caminhar em direção ao nosso ser único.

Zilda Maria de Paula Machado

O corpo humano é um organismo complexo e extremamente inteligente. Quando ele percebe que alguma parte ou função interna está sendo ameaçada, dispara um pequeno alarme interno, como o de um relógio biológico, que intensifica a cada determinado momento até que possamos trazer à consciência o despertar de que há alguma coisa errada conosco.

Se você não desligar o seu alarme, ele continuará soando até que você resolva despertar e enfrentar aquilo que o ameaça.

Isso acontece com as emoções também — vivenciamos sentimentos que podem despertar o nosso interior para que possamos agir com rapidez na busca de uma solução adequada.

Precisamos conhecer as nossas emoções pelo simples fato de que, ao trazermos à consciência o porquê da importância do diagnóstico das nossas sensações que estão atrapalhando o desenvolvimento natural de nossas atitudes, poderemos visualizar uma solução para alcançar a cura orgânica, espiritual e mental.

Se partirmos do princípio de que podemos compreender as nossas emoções, podemos administrar nossos sentimentos primários elevando-os ao nível da compreensão racional.

Nossa mente é poderosa e complexa. Buscamos cada vez mais as respostas às inúmeras questões sobre a existência humana e sobre o grande enigma que habita a mente: por que comigo?

Entendo que o principal passo para a evolução emocional é a busca incessante do aperfeiçoamento de nossas características pessoais. Estamos em perfeita harmonia quando procuramos desenvolver nossas habilidades cognitivas, funcionais e emocionais de forma equilibrada e harmoniosa.

A mente é um estado do consciente ou do inconsciente que possibilita a expressão da natureza humana em diversas formas.

Podemos perceber uma infinidade de sentimentos oriundos ao nosso conhecimento, identificamos alguns quando sentimos certa necessidade em estabelecer os princípios que nos afrontam e nos amedrontam. Tudo que é desconhecido se torna mais difícil quando despertamos o nosso consciente.

Um grande passo para iniciar o processo de construção da mente humana é compreender como ela controla todas as emoções e como a intenção de enfrentá-las pode transformar a vida de cada um. A consciência capacita uma elevação emocional a planos superiores da compreensão racional, libertando o indivíduo da prisão que construiu para si mesmo.

Quem vive aprisionado não consegue ser livre para vivenciar novas experiências, portanto, não consegue viver dentro da sua própria verdade.

A personalidade de cada um é representada pela soma de todos os sentimentos e razões que se fizeram necessários durante as experiências vivenciadas.

Enfrentamos diariamente diversas dificuldades no decorrer da vida e acabamos por buscar desnecessariamente informações que possam assegurar a nossa zona de conforto. O habitat construído pelas primeiras emoções, aquelas vivenciadas na infância, poderá criar uma prisão de sentimentos entranhados no inconsciente por tempo indeterminado.

Colecionamos experiências vividas de uma forma única e peculiar. O inconsciente desenvolve características distintas de preservação da nossa personalidade, e assim, processa todas as informações necessárias na construção da identidade, diferindo-nos uns dos outros.

A partir desta premissa nos encontramos, por diversas vezes, obrigados a tomar determinadas decisões que se adequam melhor ao sistema imunológico e psicológico protegendo-nos de um possível caos emocional.

Trata-se do impulso imediato em resposta a um problema iminente que requer uma determinada tomada de decisão imediata.

Somos seres únicos e possuímos uma identidade própria, genética e emocional. Não podemos generalizar nem julgar os motivos que levam as pessoas a adoecer, mas podemos qualificar a capacidade pessoal de cada um para corrigir as ações possíveis com consciência.

Dotados de um espírito inovador, somos uma máquina que trabalha sem parar para estimular o nosso instinto de sobrevivência e nos manter despertos conscientemente. Assim podemos continuar vivendo novas experiências na área profissional, pessoal ou social.

As habilidades emocionais desenvolvidas ao longo da vida de um indivíduo podem trazer consequências positivas e engrandecedoras para a formação de sua personalidade, assim como as emoções negativas.

Adquirimos um imenso poder consciente para lutar e sobreviver a qualquer adversidade, mesmo que tenhamos que sair feridos e desamparados.

A sobrevivência é o instinto mais profundo e primário do ser humano. Desde o nascimento até os seus últimos dias, o homem encontra-se na luta eterna e gloriosa de viver e respirar a cada fração de segundo.

Se sobreviver faz parte da natureza humana, então eu posso afirmar numa singela conclusão que cada indivíduo possui uma habilidade fundamental para a manutenção de uma vida serena e equilibrada.

E assim, trabalhar com as nossas emoções é de suma importância para mantermos o nosso equilíbrio interno e o nosso consciente numa conversa harmoniosa com o inconsciente.

Muitas vezes não queremos pensar sobre as nossas emoções, principalmente quando elas nos remetem a um passado no qual os sentimentos foram elaborados por acontecimentos impróprios a sua natureza.

Todos nós amamos relembrar momentos bons e saudáveis, conseguimos sentir na pele a emoção do prazer de um beijo apaixonado, da plenitude ao carregar nosso filho nos braços pela primeira vez e tantos outros momentos lindos e preciosos vivenciados durante a nossa existência.

Agora chegou a hora de reorganizar as emoções suspensas na prateleira e que estão aguardando o momento exato para que você possa lidar com elas.

Saiba que se você não se movimentar em direção a sua base emocional primária no tempo ideal, não haverá ninguém que possa ajustar as engrenagens sistêmicas do seu inconsciente.

Você é o responsável pelas suas emoções, portanto, tomar a iniciativa de enfrentá-las será o passo mais importante nesse momento para que você realize os seus projetos pessoais com sucesso.

Quando falo em sucesso, eu me refiro à realização dos projetos pessoais dos quais, muitas vezes, abrimos mão pela falta de praticidade e habilidade em enfrentar as questões que desconhecemos e não compreendemos.

Cada qual possui uma base para definir seu sucesso pessoal. Cabe a nós elaborarmos os projetos que podem ser cumpridos com êxito e maestria. Não se comparam sucessos, não podemos nem mensurar nem qualificar as conquistas.

Então, dando continuidade à leitura, espero que você consiga realizar os seus projetos com alegria transbordante.

Quanto mais cedo isso ocorrer, mais fácil será harmonizar a sua alma e perceber uma plenitude em tudo que fizer na sua vida. É a felicidade constante se apoderando de você.

Vamos trabalhar?

> **Uma vida boa é um processo,
> não um estado de ser.
> É uma direção, não um destino.**
>
> CARL ROGERS

AS SETE PALAVRAS MÁGICAS

Como faço uso destas palavras? Todas as sete ações nada mais são do que etapas a serem cumpridas para que você consiga realizar o seu projeto e sentir-se pleno em sua vida emocional, financeira e pessoal.

Elas seguem uma ordem cronológica para processar os sete passos de uma forma corriqueira, conforme descrição abaixo.

Eu *observo* a emoção que está atrapalhando os meus projetos de vida. Em seguida, começo uma *reflexão* com diversas perguntas que me levem à origem do problema.

Quando identifico os sentimentos atrelados a essa emoção, inicia-se um processo de *conscientização*, trazendo das minhas memórias as recordações que possam acrescentar algo ao meu crescimento interno.

No passo seguinte, eu *ressignifico* alguns padrões estabelecidos no passado, criando novas alternativas para sentir novas emoções.

Na quinta etapa, é possível perceber o início de um processo de *ativação*, ou seja, eu ligo o motor consciente para gerar novas atitudes.

Então, trabalho a *produção* de um novo significado — esse é o início do trabalho braçal, no qual coloco minha energia para que meu objetivo seja concluído.

Por último, a tão esperada *implementação* no meio social, mudando completamente minhas atitudes para conseguir alterar o meio externo.

Concluindo, ao carregar estas sete atitudes na memória, você começará a se sentir seguro e hábil nas suas construções emocionais. Uma parte por vez, respeitando o seu tempo e o espaço que necessita para realizar este projeto arquitetônico.

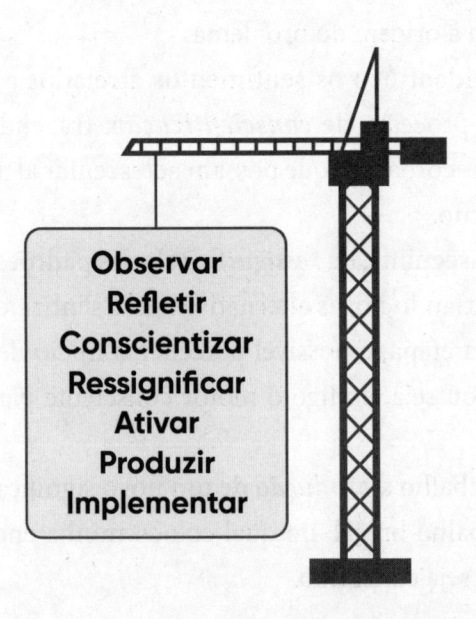

> Observar
> Refletir
> Conscientizar
> Ressignificar
> Ativar
> Produzir
> Implementar

SETE PASSOS PARA CONSTRUIR UMA VIDA FELIZ

Este livro vai ajudar você a reconstruir as suas emoções, reposicionando-as em seus devidos lugares e permitindo que as energias positivas e saudáveis do Universo possam fluir com facilidade em sua vida.

Quando procuramos um arquiteto para construir a casa dos nossos sonhos, buscamos um profissional responsável pelo projeto, supervisão e execução da obra. Sua atuação envolve todas as áreas relacionadas ao controle do espaço habitado e suas diversas formas de design.

Mas, o que significa realmente a palavra arquiteto?

A palavra arquiteto vem do grego *arkhitektôn* que significa "o construtor principal" ou "mestre de obras".

A compreensão dessa etimologia, porém, pode ser expandida na medida em que a palavra *arché* deixa de ser entendida como "principal" e passa a ser analisada como "princípio".

Dessa forma, o arquiteto seria o construtor primordial e fundamental, o seu próprio arquétipo, ou seja, o arquiteto é o construtor ideal.

Existe também outra interpretação na qual o significado do prefixo *arch*, ou *arq*, pode ser entendido como "mais que" ou "além de", assim, arquiteto é "mais que construtor". Existe ainda a associação com "construção", de *tectum* com "pedra".

> **A voz do inconsciente é sutil,
> mas ela não para até ser ouvida**
>
> FREUD

A IMPORTÂNCIA DA ARQUITETURA NA VIDA CONTEMPORÂNEA

por Denise Menegon Castrucci

O que é a arquitetura? Uma definição precisa da arquitetura é impossível dada a sua amplitude. Como as demais artes e ciências, ela passa por mudanças constantes. No entanto, o texto a seguir, escrito pelo arquiteto Lúcio Costa, é aceito como um consenso quanto à sua abrangência.

"Arquitetura é, antes de tudo, construção, mas construção concebida com o propósito primordial de ordenar e organizar o espaço para determinada finalidade e visando a determinada intenção.

E nesse processo fundamental de ordenar e expressar-se ela se revela igualmente e não deve se confundir com arte plástica, porquanto nos inumeráveis problemas com que se defronta o arquiteto, desde a germinação do projeto, até a conclusão efetiva da obra, há sempre, para cada caso específico, certa margem final de opção entre os limites – máximo e mínimo – determinados pelo cálculo, preconizados pela técnica, condicionados pelo meio, reclamados pela função ou impostos pelo programa, cabendo então ao sentimento individual do arquiteto, no que ele tem de artista, [...] a forma plástica apropriada a cada pormenor em função da unidade última da obra idealizada.

A intenção plástica que semelhante escolha subentende é precisamente o que distingue a arquitetura da simples construção."

Assim, podemos resumir que a arquitetura tem a função de construir lugares em que as pessoas se sintam bem e de buscar o belo. Esses lugares incluem não só as construções e seus interiores como os espaços urbanos, formados por conjuntos de edifícios, praças, ruas, comércio, transformando as cidades.

As pessoas são impactadas nos seus cotidianos, e ao longo de suas vidas, por construções como residências, maternidades e hospitais, escolas e faculdades, praças e shoppings, ginásios esportivos e até mesmo restaurantes e escritórios.

Em todos esses ambientes a arquitetura está presente, mas para agregar qualidade de vida positiva aos usuários, esses espaços precisam considerar uma série de fatores.

Cada ambiente tem que ter dimensões e iluminação apropriadas ao programa, ou seja, para o correto desempenho da função a que está destinado.

Além do projeto em si, a escolha correta de materiais construtivos permite obter conforto térmico, iluminação natural, ambientação adequada. Mas esses são itens extremamente lógicos, racionais.

Além disso, a arquitetura é emoção. Ao definir cores e texturas o arquiteto está criando sensações táteis e visuais. O paisagismo envolvido em um projeto também é responsável por esse sentimento.

Desta forma, a arquitetura é de fundamental importância para a sociedade, pois seguramente possibilita a criação de cenários onde transcorrerá a vida das pessoas. Mas esses cenários precisam acomodar indivíduos com suas características e sentimentos.

A arquitetura deve sempre considerar a vontade das pessoas e a forma como cada um vai ocupar e viver nesse espaço. Assim, conforto e bem-estar devem ser das principais preocupações de quem pensa um projeto de arquitetura.

> **Só aquilo que somos realmente tem o poder de nos curar.**
>
> CARL JUNG

COMO ARQUITETAR MINHAS EMOÇÕES?

Agora que você tomou conhecimento sobre o significado da palavra arquiteto e quais emoções você tem vivido, iniciaremos a transformação do seu arquiteto projetista para um emocional. Assim, poderei ajudá-lo na construção do seu novo habitat interno, do seu aconchegante lar, ou seja, da sua verdadeira moradia.

Para melhor compreensão do trabalho que devemos fazer para reconstruir o seu lar emocional, primeiramente você precisa identificar quais são as emoções vivenciadas que o afetam diretamente na alma de forma negativa.

Essas emoções dificultam a comunicação entre todos os outros arquitetos que existem em você, impedindo que o seu projeto seja cumprido com êxito.

A identificação dos tipos de arquitetos existentes em nossa vida é primordial para que você possa trabalhar em perfeita harmonia com você mesmo, ou seja, com o seu Eu interno.

Nesse processo de envolvimento com a equipe de arquitetos, precisamos especificar quais são os profissionais que se encontram em desvantagens perante os outros. O objetivo é reconhecer onde estamos permeáveis às influências exteriores que nos deixam em desvantagens e desprotegidos da mente que não para de nos sabotar.

Assim, acabamos por nos deixar abertos e expostos a sentimentos desnecessários que prejudicam o nosso fortalecimento individual.

Num segundo momento, partiremos para a conscientização das nossas emoções primárias, dos nossos fantasmas e dos papéis que atuamos para disfarçar nosso verdadeiro EU.

Precisamos identificar nossos problemas e apontar para o que precisa de imediata solução. Assim, saberemos onde investir nossas energias e quais deverão ser poupadas.

Acredito que precisamos acumular energia para nos curarmos dos males que a vida nos impõe.

Quando sofremos uma perda de energia vital, nos sentimos incapazes de nos entregar a qualquer projeto, seja pessoal ou profissional.

É como um vazamento de água em casa. Quantas vezes você já vivenciou situações como esta? De uma hora para outra você percebe que existe algum cano no sistema hidráulico que está deficiente, desviando o percurso natural da água.

Imediatamente, para não prejudicar os móveis, o piso, o armário ou qualquer construção próxima, você irá contratar um engenheiro hidráulico ou um encanador para resolver o problema e sanar o desperdício de água. Durante o período de vazamento, você provavelmente perdeu toda a água que estava no reservatório.

Percebe a importância em estarmos com o sistema hidráulico em ordem? Assim é a sua energia, ela precisa ser sanada e caso você tenha habitado num espaço onde não possua conhecimento profundo da arquitetura do ambiente, você deve recorrer ao seu arquiteto de planejamento para sanar o fluxo contínuo das emoções positivas que estão sendo desperdiçadas, prejudicando o alinhamento do seu EU.

Você está preparado para esta grande jornada onde irá se encontrar com você mesmo?

Se você está pronto para trabalhar suas emoções, iniciaremos os "sete passos" para reorganizar, redesenhar, reconstruir e replanejar o seu verdadeiro EU.

PRIMEIRO PASSO

Arquitetos Pessoais

Identificando os tipos de arquitetos que trabalham na construção da estrutura emocional

Como já comentamos, a arquitetura é uma atividade profissional com um campo multidisciplinar muito amplo. Você pode se especializar em uma das sete áreas arquitetônicas para trabalhar num projeto, mas precisa ter consciência de que sem os sete arquitetos trabalhando em perfeita harmonia, não conseguirá obter êxito nos resultados que vem buscando há tanto tempo.

O arquiteto de edificações cuida da gestão de um projeto de construção, desenhando as plantas necessárias para a execução hidráulica e elétrica, entre outras.

Quando falamos sobre o arquiteto que cuida das edificações emocionais, estamos nos referindo às estruturas psicológicas que foram construídas desde a primeira infância. Essas estruturas, também conhecidas como pilares de sustentação, ou mais propriamente dito, fundação, serão as responsáveis pela manutenção dos seus projetos futuros de vida.

Muitas vezes não percebemos ou não conhecemos corretamente quais são as nossas bases primárias emocionais. Nesse primeiro processo de identificação, sugiro que busque informações familiares para que você possa enxergar as bases sobre as quais foi erguida a sua edificação.

Como bases, eu me refiro a todas e quaisquer emoções e sentimentos adquiridos por você nos primeiros anos de vida.

Podemos começar com perguntas simples que você pode fazer a si mesmo ou aos seus parentes mais próximos.

- Fui uma criança feliz?
- Eu era alegre e sorridente?
- Chorava demais?
- Sentia segurança nos meus pais?
- Eles eram felizes?
- Eles se relacionavam bem?
- Mantínhamos uma relação afetiva positiva entre os irmãos e familiares?
- Com quem eu me relacionava melhor?
- Sofri agressão ou abandono durante a infância?

Todas estas questões e muitas outras devem ser elaboradas por você, para que possamos reconhecer suas bases.

Se acaso elas estiverem fragilizadas ou sofreram com o tempo, iremos buscar o arquiteto de edificações que existe em sua personalidade para redefinir a fundação.

Quero que compreenda uma coisa: você tem todo o tempo do mundo para reconstruir as suas emoções.

Reconstruir as bases emocionais significa assumir uma ação de extremo positivismo para se desfazer daquilo que não interessa mais, jogar fora o que não serve, o que se encontra frágil e enferrujado para reutilizar materiais mais sólidos e estáveis.

***DOLORES**, 59 anos, engenheira química, é uma mulher que construiu a sua carreira com louvor e muito mérito. Trabalha numa excelente indústria farmacêutica, é casada e mãe de dois filhos. Ela estava sofrendo muito com a saída do filho primogênito de casa, estava com dificuldade em enfrentar a independência dele para com ela. Passou então a se relacionar com o filho de maneira ríspida e seca.*

Preocupada com o desenrolar dessa situação, que estava levando a uma ruptura no relacionamento de ambos, Dolores resolveu buscar ajuda e descobriu que o sentimento de irritação misturada com tristeza estava atrelado ao abandono dos filhos pelo pai, quando eles eram adolescentes.

Restabelecendo o alicerce principal de segurança e estrutura familiar, Dolores passou a aceitar a saída do filho como uma atitude positiva e salutar. A relação dos dois passou a ser tranquila e a cumplicidade entre eles foi recuperada.

Suas considerações: _____
_____
_____
_____

O arquiteto urbanista trabalha em grande escala, cuida de todo contexto externo, visualiza toda a área ao redor a ser trabalhada, ou seja, tudo que é constituído por um bairro residencial ou comercial. É necessário que seja feito um estudo de todas as edificações locais, como escolas, hospitais, residências, escritórios, comércios e parques, para harmonizar a nova edificação.

Ao me referir ao projeto urbano emocional, estou mencionando o fato de que, compreendida a nossa estrutura psicológica, precisamos pensar onde nossa fundação foi erguida para que possamos analisar todo o contexto externo da nossa vida.

Falando de maneira mais casual, precisamos verificar toda a nossa vizinhança, o que se ergueu conjuntamente no período em que iniciamos a construção. Se você for refazer seus alicerces, esse é um excelente momento para escolher a melhor região em que irá se instalar.

Vivemos numa sociedade pluralista, de religiões, raças e culturas diversas. A escolha do ambiente é necessária para que a adaptação não seja abrupta e difícil.

Porém, se a sua área urbana emocional é um local de aconchego e segurança, você deve tomar como base esse local e sair em busca do conhecimento mais profundo sobre a região externa.

Tente recordar-se da escola que frequentou, dos professores e colegas, do clube da família e dos esportes que praticava, do parque em que passeava e brincava com amigos e parentes, das casas dos amigos vizinhos que frequentava, da padaria que vendia o café da manhã, enfim, o que existia nos arredores da sua casa?

Trazer ao consciente os momentos positivos e produtivos que vivenciou ajudará a resgatar sentimentos e emoções que estão guardados no seu inconsciente.

E assim, as lembranças negativas, aquelas que fizemos questão de esquecer, poderão aparecer de imediato nesse momento, sob uma nova estrutura.

Refletir sobre esses momentos irá ajudá-lo no entendimento do porquê de suas emoções recentes estarem desequilibrando os seus padrões básicos de felicidade.

As relações afetivas familiares e as amizades que desenvolvemos ao longo dos anos estão registradas em nosso inconsciente como emoções simples e também complexas, todas juntas num único compartimento. É como se você possuísse um arquivo com todas as memórias na sua mente.

Alguns exemplos mais comuns são: os medos que sentimos por algum animal se aproximando, ou saindo de casa no carro do avô, as brincadeiras sempre inocentes com os amigos mais espertos, os sustos provocados pelo irmão, as incertezas das notas escolares, as broncas e os elogios recebidos dos pais, os castigos recebidos em casa, a alegria de correr ao ar livre, a sensação de liberdade em andar de bicicleta pela primeira vez, a repreensão do professor por não fazer uma tarefa, o boicote dos amigos da classe porque você passou a usar óculos, o frio na barriga do primeiro beijo, a fidelidade nos segredos mais íntimos dos melhores amigos, a cumplicidade de uma equipe na hora de um campeonato esportivo — todos são motivos aparentemente complexos, mas, no fundo, de extrema simplicidade; e podem, muitas vezes, desencadear outras emoções, positivas ou negativas.

Esta análise é demorada e importantíssima para que possamos dar continuidade ao nosso trabalho de replanejamento emocional.

- Quais construções fazem parte do quarteirão em que eu moro?
- Eu brincava com os meus vizinhos?
- Quem eram os nossos amigos?
- Frequentava um clube no bairro? Quais atividades eu praticava?
- Com quem eu ia ao clube?
- Eu fazia atividades como natação, futebol, ballet... perto de casa?
- Meus avós e tios moravam perto da minha casa?
- Quem me criou?
- A minha escola era perto de casa?
- Quem eram os meus amigos da escola?

- Quais professores fizeram parte da minha vida?
- Eu andava sozinha e brincava na rua?
- Frequentava cabeleireiro, barbeiro ou mercado com os meus pais?

Suas considerações: _____
_____
_____
_____

Lembre-se: você tem todo o tempo do mundo para reconstruir as suas emoções.

O arquiteto de interiores é responsável pelo projeto do ambiente interno, criando e desenvolvendo alternativas que possam oferecer conforto ao morador de acordo com as necessidades e desejos pessoais. Preocupado com a funcionalidade da obra, ele planeja todos os materiais que serão utilizados na construção e na decoração dos ambientes.

Pois bem, depois que a fundação emocional foi construída e erguida com sucesso e você já compreendeu qual a funcionalidade sensorial ao seu redor, eu lhe pergunto: qual é o seu nível de segurança e tranquilidade, aquele em que você deverá depositar a energia da elaboração do seu emocional, da sua casa interna, do seu EU?

Como funciona essa nossa habilidade?

Como vamos modelar o nosso interior?

Primeiramente, devemos contatar a nós mesmos, precisamos buscar o nosso EU em um momento pessoal para fazer todas as indagações fundamentais e necessárias, a fim de obter um perfeito diagnóstico do estado emocional.

Algumas respostas devem ser elaboradas nesse momento:

- Quais são as minhas necessidades?
- O que eu espero dessa decoração interna? E da minha vida?
- Qual conforto quero ter para viver em harmonia comigo mesmo?
- O que falta para que eu me sinta completo e feliz?
- O que fazer para me levar aos aspectos essenciais da vida e para que eu possa ser acolhido por mim mesmo?
- Quais são as áreas internas mais importantes da minha vida que se encontram desorganizadas e desequilibradas?
- Onde falta limpeza nos pensamentos, dos mais profundos aos mais superficiais?
- Onde eu escorrego toda vez que saio da minha zona de conforto?
- Por que as quedas são difíceis e traumáticas?
- Por que eu caminho sempre pelo mesmo lugar?
- Consigo relaxar quando é preciso?
- O que tira a minha paz?

Num segundo momento, indagamos aos parceiros e amigos mais próximos, ou a um familiar que tenha certa afinidade especial conosco. Como eles enxergam a sua casa ou melhor, como eles o enxergam interiormente?

Onde são necessárias as mudanças internas e como devo trabalhar para replanejar o meu emocional?

> **ROBERTO**, 54 anos, administrador de empresas em uma multinacional, sentia-se insatisfeito com sua carreira. Percebera nos últimos anos que não estava evoluindo e crescendo dentro da empresa, como ele acreditava ser capaz.
>
> Frequentou uma excelente faculdade, fez pós-graduação em sua área financeira e não conseguia entender por que ele não conseguia a esperada promoção que haviam lhe prometido, anos antes.
>
> Ao buscar uma ajuda emocional, percebeu que o problema não estava em sua capacidade técnica e experiência profissional, mas sim no fato de que ele não demonstrava segurança aos seus superiores quando se relacionavam fora do expediente. Era tímido e passava insegurança em suas opiniões e posicionamentos.
>
> Roberto usava óculos com lentes muito grossas, desde pequeno, pois sempre teve dificuldade em enxergar à distância. Ele percebeu que precisava trabalhar sua estima, compreendendo que seu problema físico não deveria interferir mais em seu comportamento.
>
> Assim, trocou os velhos óculos por lentes de contato e passou a agir com confiança e liderança.
>
> Hoje ele possui um cargo de alto escalão, e é responsável por centenas de funcionários.

A elaboração de projetos executivos sob medida é importante para que possamos viver com as condições emocionais necessárias, respeitando nossas limitações impostas durante a vida.

Depois de estudar todos os detalhes, reformulamos as áreas pessoais que desejamos reestruturar, buscando apoio de profissionais competentes para formar uma excelente equipe de trabalho.

Lembre-se de que você não é um super-herói, compartilhe seu trabalho sem receio ao tomar decisões que o façam se sentir inseguro.

Realizar terapias tradicionais de autoconhecimento, terapias integrativas, práticas holísticas e teólogas podem oferecer suporte para ajudá-lo na reconstrução emocional.

Suas considerações: _____
_____
_____
_____

O arquiteto luminotécnico é o responsável pela realização do projeto de iluminação, aprimorando a qualidade de luz necessária para as atividades desenvolvidas e valorizando os detalhes do ambiente, oferecendo conforto e bem-estar.

O projetista que trabalha com uma iluminação natural e/ou artificial precisa compreender as exigências humanas em relação ao espaço arquitetônico projetado. O conjunto de qualidades do ambiente só pode se tornar agradável quando a iluminação oferece conforto visual.

Em outras palavras, precisamos entender a importância da luz em nossa vida. Falar de luz é falar da alma, que clama todo tempo para ser enxergada.

O luminotécnico emocional faz com que sejamos capazes de enxergar com clareza todos os detalhes de nossa vida e daqueles que, de algum modo, participam dela.

Quando deixamos entrar a luz em nossa vida, obrigatoriamente passamos a enxergar qualidades e defeitos, erros e acertos, enganos e desenganos dentro da nossa alma.

Viver na clarividência dos fatos requer força e coragem. Nós nos desprendemos dos antigos hábitos de julgar a tudo e a todos. Enfrentamos o nosso próprio julgamento, passamos a ser o réu de nossa vida, e também o autor dos atos.

Somos autores de nós mesmos e desenvolver a habilidade de não julgar é necessário para estimular a luz que ilumina a estima pessoal.

Sofremos injustiças e desenvolvemos atitudes de negação e proteção, criamos uma defesa eterna contra nós mesmos.

Aqui você vai fazer uma reflexão da sua vida emocional, vai jogar fora as diversas máscaras que possui, vai revelar a verdadeira pessoa que existe em você mesmo. Perceba que essa atitude se dirige a você, autor e ator da sua vida.

A luz existe para que possamos enxergar na escuridão.

Lembre-se de que nunca será mais escuro do que já é. Recorrer à luz é respeitar os sentimentos mais íntimos, porque assim, e só assim, você conseguirá transcender a si próprio, se tornando a luz da sua luz e acumulando energia suficiente para que possa iluminar a sua vida e a de quem você escolheu para conviver em seu projeto arquitetônico.

Se você chegou até aqui é porque sabe que consegue iluminar seus pensamentos, sua alma, seus desejos e seu verdadeiro EU.

Respeitando a capacidade que possuímos em nos limitar quando estamos sob pressão, iremos fazer um pequeno regresso na sua moradia, agora com a lanterna emocional acesa.

- O que estou vendo na minha frente que me impede de seguir meu caminho?
- Eu consigo me enxergar no espelho?
- Quem é essa pessoa que estou observando?
- O que eu preciso para não me esconder mais?
- Estou pronto para receber minhas melhores emoções?
- E preparado para enfrentar as piores?
- Quem eu me tornei na escuridão?
- Quem desejo ser na clareza dos meus sentimentos?
- Eu me aceito?

Mais uma vez, inúmeras perguntas devem ser feitas para que possamos aumentar a luz que existe dentro de nós. Muitas delas difíceis de serem respondidas de imediato e outras que sabemos na ponta da língua porque aprendemos a andar na sombra e na escuridão.

Comece com uma simples lista escrevendo o que você gosta ou precisa para iluminar e realçar na sua vida.

Suas considerações: _____
_____
_____
_____
_____

O arquiteto consultor é aquele que elabora os croquis para facilitar a compreensão de todo o trabalho a ser realizado, especificando, detalhando e orientando a busca de soluções práticas para a construção.

Quando arquitetamos as emoções básicas, um trabalho importante a ser somado ao projeto inicial é a de um consultor, ou seja, uma ação ou efeito de um especialista para dar um parecer sobre uma matéria da sua especialidade.

Toda e qualquer consultoria trabalha com as relações humanas. A ideia é conseguirmos buscar um ponto de equilíbrio entre o EU e o projeto de reconstrução.

Esse exercício requer prudência para podermos deliberar os assuntos pertinentes. O trabalho elaborado é de extrema importância porque requer uma habilidade em aconselhamento de forma complexa e mais objetiva do que um simples parecer.

Para iniciar esta análise, precisamos fazer um diagnóstico preciso de todo material que adquirimos durante este trabalho e dos que ainda estão sendo preparados para completar os sete passos da arquitetura emocional com êxito.

Você deve, agora, buscar soluções acerca do assunto em questão. Como devemos iniciar este processo?

Simplesmente questionando a si próprio se são essas as mudanças que deseja realizar e, em seguida, aconselhando o seu EU com soluções práticas e eficientes.

Eu reconheço a minha pessoa como um ser único e com especificações diferenciadas?

Então, dando continuidade ao nosso trabalho, e conhecendo suas necessidades pessoais, passaremos a levantar questões que possam ajudar você a encontrar soluções plausíveis de acordo com o seu interesse.

- O que é necessário para que eu possa administrar minhas frustrações e anseios?
- Quais são as etapas que eu preciso cumprir no dia a dia para realizar os meus projetos?
- O que é mais importante hoje para que seja feita minha estruturação pessoal?
- Se tenho incertezas, quais ainda devem ser repensadas?

Estas perguntas servem para que você possa se certificar do processo em que se encontra e possa esclarecer alguma dúvida restante antes de iniciar o seu trabalho de arquiteto.

Você deve estar preparado para aconselhar o seu EU – isso significa que deve conter todo conhecimento interno e as ferramentas necessárias para realizar o seu processo arquitetônico.

- Sendo assim, se sou o meu melhor amigo, quais conselhos finalmente eu devo me dar para me tornar uma pessoa mais feliz?
- O que devo fazer para ter alegria diariamente?

- Qual mecanismo devo utilizar para bloquear os pensamentos contraproducentes?
- Como devo agir quando as emoções pessimistas aparecerem?
- Quero dividir as tarefas com alguém do meu interesse para ser auxiliado nesse processo arquitetônico?
- Quando encontro um problema na reconstrução pessoal, qual atitude devo tomar?
- Eu consigo controlar a minha ansiedade?
- Eu consigo extinguir a irritação e o rancor pelo que foi construído no passado?
- Estou pronto para me satisfazer e reconquistar minha estima?

Quando trabalhamos em consultoria, pensamos em todas as hipóteses que possam surgir durante a construção do projeto, assim ficamos preparados para solucionar quaisquer desencontros afetivos que por desventura apareçam.

Suas considerações: _____
_____
_____
_____

SOPHIE é francesa, tem 27 anos e imigrou para o Brasil. Enfrentou muitas dificuldades em relação à cultura e à sociedade. No primeiro instante, reagiu criticando as diferenças existentes, até que, ao procurar um entendimento melhor das suas relações pessoais, percebeu que precisava da ajuda de um especialista, alguém que trabalhasse com imigrantes.

Imediatamente compreendeu que para se adaptar aos novos costumes deveria aceitar as características diversas das pessoas com as quais estava se relacionando. Ou seja, precisava compreender melhor a cultura e, apesar da dificuldade, aprender a língua portuguesa para se comunicar melhor.

Abriu mão do seu orgulho e estudou a história da nação e suas características geopolíticas.

Hoje ela procura se relacionar com os brasileiros de forma mais clara, busca compreender e ser compreendida, sempre respeitando as limitações próprias.

O arquiteto paisagista elabora os projetos de criação, substituição, gestão e preservação de espaços livres ou afetados por construções desordenadas públicas ou privadas, internas ou externas.

O paisagista emocional precisa direcionar o seu trabalho para o aperfeiçoamento estético da psique, garantindo o máximo de praticidade, proteção, aconchego e intimidade para si próprio.

O objetivo principal é harmonizar a interação pessoal com o meio ambiente, proporcionado uma excelente convivência entre todos os moradores internos do seu EU. Os moradores são os personagens utilizados para equilibrar as emoções passadas.

Estamos chegando à reta final desse primeiro passo — longo e delicado. Agora precisamos checar os detalhes finais para conseguir visualizar a sua pessoa como um todo.

O que devo fazer para seguir em frente e terminar o meu trabalho de arquitetura emocional?

Para dar continuidade ao seu projeto de arquitetura emocional, precisamos trabalhar a aparência que você criou para si próprio e a razão pela qual você a rejeitou.

Normalmente entramos em dicotomia emocional — sou e apresento aquilo que gostaria de ser ou como gostaria que me enxergassem. Essa etapa procura encontrar os seus antigos valores que se perderam na sistemática relacional.

- Como eu me enxergo no espelho?
- O que falta para que eu me sinta aceito e amparado?
- O que preciso mudar na minha aparência para me sentir mais feliz?
- Estou satisfeito com o que estou diagnosticando?
- O que falta para que eu possa me sentir equilibrado com o ambiente que construí para mim?
- Desejo desconstruir alguns dos meus conceitos?
- Eu me sinto belo e em harmonia com o universo?
- Quais são os objetos pessoais que se adequam às minhas necessidades?
- Consigo ter passagem livre pelo meu ambiente social?
- Eu me sinto protegido com o novo visual?
- Estou seguro com as novas escolhas?

Muitas vezes, quando mudamos interiormente, surge a necessidade de mudar o nosso visual externo.

Um mecanismo excelente para conseguirmos aceitar com dignidade nossas características pessoais e impô-las com mais valia é passar pelas áreas livres do seu ambiente com liberdade para replanejar o que for preciso para complementar a sua moradia.

O desejo de mudança, com um simples corte de cabelo, por exemplo, pode representar uma nova forma de se enxergar mais completo, uma estética que o agrada mais e que proporciona conforto.

Não é necessariamente o tipo de cabelo que tem que se adequar a você, é você quem tem de participar do novo visual com o qual se dispôs a viver.

Suas considerações: _____
_____
_____
_____

Lembre-se: você tem todo o tempo do mundo para reconstruir as suas emoções.

Por último, **o arquiteto de restauro e revitalização** cuida da manutenção e conservação de um patrimônio histórico oferecendo uma nova perspectiva aos elementos, preservando suas caraterísticas principais.

Para realizar uma restauração correta e bem-feita sobre uma característica pessoal é preciso ter em mente que não podemos desrespeitar a originalidade. Possuímos qualidades e defeitos, mas a essência do nosso ser não deve ser destruída.

Você precisa decidir que tipo de trabalho quer fazer consigo mesmo em alguns aspectos da sua vida. Restaurar seus princípios é uma forma de revitalizar sua personalidade, dar uma vida nova ao antigo, aumentando o seu valor pessoal.

Quando você se revigora, automaticamente se reconecta com sua energia primária, a natureza original responsável por desenvolver a pessoa maravilhosa que você se tornou.

Muitas características não precisam ser reconstruídas, devem apenas ser restauradas na intenção de continuar mantendo a sua individualidade e sua autenticidade emocional.

O que eu quero de você, nesta parte da leitura, é que possa ressignificar aquilo que não lhe serve mais para esta nova etapa da sua vida. Vamos criar uma concepção diferente de vida, reconstruindo algo que tenha sentido e valor para que você viva melhor com as adversidades.

- Quais são os valores primordiais da minha vida?
- O que preciso fazer para mantê-los revitalizados?
- O que eu esqueci de valorizar em mim?
- Qual a essência da minha reconstrução emocional?
- Que tipo de energia preciso desprender para manter minha personalidade?
- O que tem causado a perda da minha identidade?
- Eu quero dar vida nova às minhas características pessoais? Quais são elas?

> *CARLA tem mais de quarenta anos e trabalha numa confeitaria própria há três anos. Estudou gastronomia e seu sonho se realizou no dia em que apareceu uma oportunidade boa de negócio, herdado pelo seu marido. Ele é um grande executivo de uma multinacional e não tinha interesse em interromper sua carreira profissional.*
>
> *Decidiram que ela reconstruiria o negócio familiar e assim poderia se realizar profissionalmente e ainda teria tempo para se dedicar à criação de seu filho único.*
>
> *A antiga panificadora precisava de uma grande reforma, tanto na parte elétrica como na hidráulica, além da aquisição de equipamentos mais modernos e da restauração dos móveis de madeira, todos de legítimo Jacarandá.*
>
> *O importante era manter algumas características do local original, mas sem dúvida nenhuma, dar um novo significado ao empreendimento. Isso requeria colocar a personalidade de Carla na confeitaria, assim, o que ela poderia trabalhar internamente para que transmitisse a ideia de novo?*

Você percebe aqui que pode se adaptar ao antigo e ao mesmo tempo dar-lhe uma nova forma, imprimindo suas características pessoais?

Ao entendermos que todos os tipos de arquitetos emocionais apresentados vivem conjuntamente para que um projeto seja realizado e que possuímos uma capacidade incontestável de sobrevivência, podemos concluir que estamos constantemente adquirindo ferramentas para obter uma força extra ao agregarmos e modificarmos o caminho rumo ao grande projeto pessoal.

Como citado anteriormente, somos diferentes e carregamos uma carga emocional desde que nascemos. De acordo com as experiências acumuladas e vivenciadas, acabamos desenvolvendo diversos tipos de personalidades — papéis dramatizados — que nos acompanharão durante grande parte de nossa vida, até o dia em que decidirmos fazer uma mudança interna.

Quando isso acontece, percebemos que as mudanças dependem de nossa livre e espontânea vontade em remodelar nossas atitudes e, consequentemente, nossos pensamentos e emoções.

Suas considerações: _____
_____
_____
_____

Ao arquitetarmos as nossas emoções, basicamente identificamos quais são os papéis que representam melhor o nosso modo operacional de viver.

São características da personalidade que cada um possui e que se encontram em constante desenvolvimento, no intuito de assegurar e proteger você da sua realidade.

É daí que surge a necessidade da criação de diversas máscaras para afastarmos da luz aquilo que nos incomoda, ofusca e nos desabriga.

Na vida cotidiana, é muito comum criarmos diversos papéis e representá-los quando vivenciamos a árdua tarefa de resolver um problema para o qual aparentemente não encontramos uma solução razoável.

Surgem dificuldades que nos impedem, muitas vezes, de agirmos de acordo com a nossa razão, prevalecendo as emoções necessárias para encobrir os verdadeiros sentimentos que desenvolvemos durante a questão apresentada — e sem solução aparente.

Então, eu lhe pergunto: Você utiliza as suas emoções com o objetivo de facilitar a execução de suas promessas internas ou para tirá-las do seu caminho?

Lidar com as emoções é uma tarefa difícil e essa dificuldade é completamente involuntária.

Estamos constantemente buscando soluções e respostas para os diversos questionamentos diários, porém, aqueles que não conseguimos resolver continuam nos desafiando e nos exaurindo pela falta de perspectiva que sentimos.

Procuramos ajuda com psicólogos, terapias, consultamos amigos, lemos diversos livros, procuramos líderes religiosos e espirituais, aprendemos novos métodos de respiração, concentração, exercitamos o corpo, provamos alimentos naturais, ingerimos vitaminas e suplementos.

A busca de crescimento interno significa que você não se sente mais confortável permanecendo no mesmo lugar, na sua zona segura e agindo do mesmo modo operacional.

Um dia acordamos e percebemos que existe alguma coisa acontecendo de errado, que não estamos conseguindo obter respostas saudáveis da maneira como havíamos planejado.

Por que o problema emocional continua a vibrar dentro dos meus pensamentos, gerando reações diversas e muitas vezes desagradáveis ao Ego?

Esta é a minha proposta: que você aprenda a arquitetar as suas próprias emoções para trazer à sua consciência aquelas que mais têm atrapalhado a sua capacidade de julgamento.

E como isso é feito?

Resolvendo emoções negativas como medo, irritação e mágoas acumuladas no seu interior da melhor forma possível, eliminando de uma vez por todas o fantasma emocional que vem habitando a sua alma, impedindo-o de construir um futuro promissor.

De acordo com as experiências acumuladas e vivenciadas, acabamos desenvolvendo diversos tipos de personalidades que irão nos acompanhar durante grande parte de nossa vida, até o dia em que decidirmos fazer uma mudança interna.

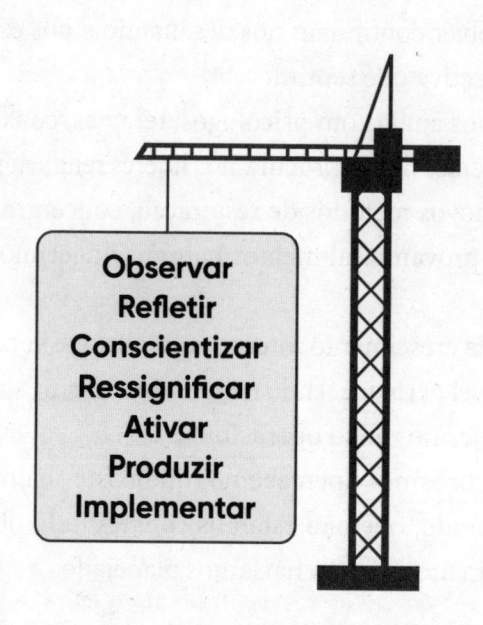

Observar
Refletir
Conscientizar
Ressignificar
Ativar
Produzir
Implementar

SEGUNDO PASSO

Emoções Básicas

Como reconhecer as emoções que atrapalham o desenvolvimento pessoal

As primeiras emoções desenvolvidas são aquelas das quais não conseguimos nos lembrar porque ainda não possuíamos um processo cognitivo consciente.

Nós já nascemos com um hardware embutido em nossa alma. Somos programados pela nossa herança genética, e assim, conforme crescemos e adquirimos experiências únicas, vamos adicionando vários softwares a nossa programação emocional.

A soma de nossas vivências, relações familiares, amizades e os comprometimentos assumidos, no final de uma jornada, é o que forma o nosso próprio *ghost writer*, o autor das nossas histórias.

Por isso acredito que devemos adquirir a consciência necessária em tudo que experimentamos para que possamos ser responsáveis pelas escolhas das novas programações.

Durante a gestação materna, um feto absorve as sensações presentes no útero que se tornarão parte do desenvolvimento da sua personalidade. Ele apresenta uma vida emocional distinta e única. Muitos estudos têm sido elaborados com o objetivo de ajudar na compreensão da psique humana.

Partindo do princípio de que o feto possui uma vida emocional e afetiva diretamente ligada às experiências maternas, torna-se de suma importância que a mãe busque um equilíbrio emocional durante a gestação.

As transformações hormonais e mudanças nos estados emocionais ao longo do período gestacional podem influenciar, também, o desenvolvimento físico e emocional da criança.

Resumindo, existe uma continuidade das características de personalidade do feto na vida intrauterina.

Todo registro arquivado no inconsciente exerce uma enorme influência no psiquismo humano, podendo acarretar, caso esses arquivos tenham sido traumáticos, uma severa psicopatologia.

Os batimentos cardíacos da mãe, os ruídos do sistema digestivo, o fluxo sanguíneo que abastece a placenta e o útero são sentidos pelo feto durante a gestação, com percepção das emoções de medo, angústia, tristeza, estresse, mágoa, ansiedade, perda afetiva, choque emocional, separação e muitos outros. Assim como as emoções positivas como alegria, prazer, disposição física, entusiasmo, entre tantos outros sentimentos.

Muitas das sensações vivenciadas por nós são armazenadas no inconsciente quando crianças, podendo ficar dormentes por décadas até que se resolva trazê-las ao consciente para ajudar na solução de um problema presente.

Nossa mente é um arquivo repleto de pastas contendo todas as histórias vivenciadas e sentidas por nós de maneira distinta para que se tornem, ao nosso olhar, o mais reais possíveis. Por isso, ao crescermos e amadurecermos, percebemos o quanto precisávamos fantasiá-las para que pudéssemos nos desenvolver e sobreviver.

A primeira fase da vida de uma criança — que vai até os sete anos de idade, de acordo com estudos — é demasiadamente importante na construção psíquica, porque registra todas as emoções vividas e as interpreta subjetivamente, de acordo com suas experiências, padrões de sentimentos e comportamentos que se adequam à sua personalidade, ou seja, moldando o indivíduo.

Durante os primeiros anos, a criança é encorajada pelos pais a desenvolver qualidades positivas, aumentando suas chances de se tornar um adulto mais seguro e consciente de seus dons. Por outro lado, aquela que criou padrões de comportamento com base em sentimentos de repressão e rejeição poderá se tornar um adulto inseguro e com baixa autoestima.

Contudo, tenho uma boa notícia para você: é possível ressignificar esses sentimentos e encontrar, mesmo nas experiências mais negativas, aspectos positivos que possam levá-lo ao seu desenvolvimento emocional.

O que quero dizer é que podemos arquitetar nossa vida emocional para sermos felizes, obtendo sucesso em todas as áreas pessoais.

O que você entende por emoção? Qual a sua melhor definição para os sentimentos que possui?

Para ajudar você a entender os 7 passos da arquitetura emocional, precisamos compreender melhor como trabalham as suas emoções.

A compreensão do fato de que você adquiriu emoções primárias desde o momento em que se encontrava em desenvolvimento físico no ventre materno poderá ajudá-lo no seu processo de reestruturação psicológica.

Resumindo, a integração direta das informações sensitivas e sensoriais externas com o estado psíquico interno desenvolvido atribuirá um conteúdo afetivo aos seus estímulos emocionais. Toda e qualquer informação será registrada no seu arquivo de memórias produzindo respostas adequadas, conscientemente ou não.

Aqui, ao nos referirmos às memórias, a primeira impressão que surge é que elas estão relacionadas às lembranças do passado.

A memória biológica a qual me refiro é a capacidade de adquirir, armazenar e recuperar as informações que se encontram disponíveis internamente, no córtex cerebral, obtidas através de experiências ouvidas ou vividas.

Gosto muito dos livros de um pastor norte-americano com quem me identifico muito, Mark Batterson. Um em especial me despertou sobre o assunto relacionado às memórias que a alma guarda.

Basicamente, ele aborda as impressões da alma. Assim como as digitais, as memórias que se abrigam no interior do nosso inconsciente possuem uma impressão única. De um modo geral, o tamanho e a profundidade das memórias estão relacionadas ao tamanho da força que as emoções sofreram.

Ou seja, as memórias mais antigas são as emoções mais importantes em termos de impacto de uma vida, e as responsáveis pela criação da nossa identidade.

As experiências na infância podem nos moldar profundamente, muito mais do que imaginamos. Podemos comparar uma criança a uma esponja ou ao pó de cimento – ela é capaz de absorver tudo a sua volta e depois, com o tempo, essas informações secam, deixando uma impressão na sua personalidade.

Conforme envelhecemos, criamos dimensões diferentes para os acontecimentos, tendemos a dimensionar exageradamente as recordações, tanto as positivas como as negativas: ora romantizamos ora dramatizamos.

As memórias podem nos empoderar através dos obstáculos vividos pelo medo ou nos impulsionar com as experiências de amor e respeito. Depende de nós como interpretar e explicar as experiências vivenciadas para que possamos determinar quem nos tornaremos.

A maioria das nossas experiências é rapidamente esquecida porque, normalmente, é falível. Elas estão armazenadas no córtex cerebral, mas se o seu software for obsoleto, fica muito difícil decodificá-las.

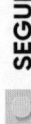

Para otimizar o hard drive no seu computador, você precisa desfragmentar as memórias nele contidas.

O seu autoconhecimento começa quando você se torna capaz de elaborar um inventário com os seus antigos arquivos e começa a separá-los em pastas distintas que poderão ser salvas ou deletadas, de acordo com as suas necessidades atuais.

Suas considerações: _____
_____
_____
_____
_____

Carregamos dentro da memória uma carga emocional inconsciente herdada geneticamente e é de extrema importância que você realize o primeiro passo da arquitetura emocional reorganizando os seus sentimentos e emoções primárias.

Trazer ao consciente todos os aspectos que possam ter causados traumas, rejeições, desafetos, cortes, perdas, agressões ou um simples acontecimento que passou despercebido pelo seu supervisor consciente será primordial para que você consiga ser feliz.

Todas essas emoções acabam guardadas no nosso inconsciente por muito tempo até que sejam conduzidas por nós para o presente para que possamos compreender os sentimentos desenvolvidos ao longo dos anos.

A origem etimológica da palavra emoção vem do francês *émotion* "perturbação moral", e do latim *ex movere*, que significa "mover para fora" ou "afastar-se", ou seja, uma movimentação de dentro para fora, um abalo afetivo ou moral que exerce uma ação rumo ao exterior.

Para nós, que estamos tratando das emoções pelo olhar da psicologia moderna, trata-se de uma reação orgânica acompanhada de alterações físicas e excitação mental, normalmente provocadas por algum sentimento ou acontecimento experimentado.

Como já mencionei, somos únicos como seres humanos e possuímos uma identidade distinta. Atualmente, a população mundial é de mais de 7 bilhões de habitantes. E você é completamente diferente de 7 bilhões de pessoas que habitam o planeta Terra.

Você é singular e, portanto, pode vivenciar as suas emoções de uma forma também singular.

Todas as suas experiências vividas até hoje foram importantes na sua formação para diferenciar as suas características pessoais das do outro e ainda, acrescidas das particulares variáveis vivenciadas e acumuladas durante a sua vida, no seu ambiente cultural e social, na sua região geográfica e sociopolítica.

Quando reagimos a uma emoção, o nosso organismo prontamente começa a responder com sinais diferentes em relação aos efeitos das sensações que presenciamos.

Imediatamente, inicia-se um processo interno no corpo que provoca a liberação dos hormônios responsáveis pela aceleração dos batimentos cardíacos e do aumento da circulação sanguínea. A frequência respiratória aumenta, podendo surgir sudorese e lágrimas nos olhos.

Existem, inclusive, pessoas que demonstram esse estado emocional com alterações na coloração do rosto — as bochechas ficam avermelhadas ou a face fica pálida!

Paul Ekman é considerado pela Associação Americana de Psicologia um dos psicólogos mais prestigiados e influentes do século XXI.

Ele é uma das maiores referências no âmbito da detecção de mentiras e das relações entre as emoções e as expressões faciais.

As menores expressões se manifestam no transcorrer de uma conversa, mas podem e costumam passar totalmente despercebidas pelo receptor.

Se você não estiver atento a um diálogo, por exemplo, não conseguirá perceber as diferentes feições e manifestações corporais apresentadas e estimuladas nos outros.

No entanto, sua importância passa despercebida porque são movimentos faciais e corporais rápidos, não controlados pela pessoa, mas que representam diferentes emoções.

Ekman desenvolveu o Sistema de Codificação de Ação Facial, uma taxonomia que mede os movimentos dos 42 músculos da face, incluindo os movimentos da cabeça e dos olhos. Esse sistema revelou que o rosto humano é capaz de criar mais de 7 mil expressões faciais diferentes.

Robert Plutchik, psicólogo norte-americano, desenvolveu a Teoria Psicoevolucionária das Emoções, na qual apresenta um esquema integrativo com as emoções básicas que mais influenciam o ser humano e que estão relacionadas aos eventos de sobrevivência da espécie humana.

Ele classificou as emoções em oito primárias e desenvolveu um esquema denominado Roda das Emoções. São elas: Irritação, Medo, Surpresa, Confiança, Antecipação, Alegria, Nojo e Tristeza.

As demais emoções são derivadas das básicas e, assim, ao nos conectarmos à essência dos nossos sentimentos retornamos à base das nossas primeiras emoções — aquelas geradas no ventre materno.

Esse estudo é de extrema importância para a compreensão do comportamento adquirido como valor de sobrevivência, ou seja, nossas reações são despertadas por uma emoção capaz de acionar, por exemplo, um mecanismo de defesa ao ataque de um animal feroz, seja ele qual for.

Ao ouvir o rugido de um animal feroz que se aproxima, um indivíduo desenvolve a emoção do medo e a consequente alteração física do seu organismo. Nesse momento, ele desperta um sentimento de pânico e a reação imediata de fugir do local e se esconder ou simplesmente congela, permanecendo no lugar para enfrentar o ataque com as próprias mãos ou com uma arma ao seu alcance. O sentimento de medo causado por animais ferozes pode perdurar pela vida toda.

Existe uma diferença significativa entre as palavras *emoção* e *sentimento*. O último acontece na mente. Ele passa despercebido pela maioria das pessoas, podendo permanecer muito tempo, como o sentimento de amor.

Quanto às emoções, dificilmente conseguimos escondê-las. Elas são visíveis e repercutem no corpo em frações de segundo.

Os sentimentos são formados por meio de reações geradas de forma consciente pelas emoções. Eles se expressam no seu íntimo, e não podem ser detectados por outra pessoa, a menos que sejam revelados.

As emoções levam um indivíduo a agir ou reagir — são efeitos que se dão perante determinados estímulos.

Os sentimentos, por sua vez, são mais conscientes e gerados a partir da forma com a qual cada indivíduo processa as emoções que sente.

Eles nos induzem à reflexão e nos encaminham à solução dos problemas imediatos.

Os sentimentos são definidos verbalmente enquanto as emoções são definidas psicologicamente. Os sentimentos têm sua origem na interpretação cerebral que fazemos dos eventos e sensações, enquanto as emoções têm sua origem na resposta do sistema nervoso simpático e parassimpático, pertencendo ao lobo frontal.

O sistema nervoso simpático é responsável pelas alterações no organismo em situações de estresse ou emergência. E o parassimpático tem a função de fazer com que o organismo retorne ao estado de calma e segurança.

As emoções se originam principalmente no sistema límbico, que é uma região que compreende todas as estruturas cerebrais relacionadas, principalmente, com comportamentos emocionais e sexuais, aprendizagem, memória, motivação e algumas respostas homeostáticas.

Sabemos que somos capazes de vivenciar inúmeras emoções diferentes e que elas podem desencadear outros tantos sentimentos alheios aos nossos desejos pessoais.

Cada pessoa desenvolve reações diversas e únicas, positivas ou negativas, indiciando comportamentos dos mais variados possíveis para preservar a sua sobrevivência.

Precisamos entender como as nossas emoções afetam imediatamente as nossas atitudes e as nossas reações a elas.

Ao identificá-las e trazê-las ao consciente, você estará se ajudando na reconstrução pessoal, arquitetando sua vida de modo que possa abrir as portas para novos caminhos na busca de uma vida repleta e feliz.

Vamos trabalhar aqui usando os dez postulados da teoria psicoevolucionária, a seguir:

- O conceito de emoção é aplicável a todos os níveis evolutivos e aplica-se a todos os animais, incluindo seres humanos.
- Emoções têm uma história evolutiva e evoluíram várias formas de expressão em diferentes espécies.
- As emoções serviram como um papel adaptativo para ajudar os organismos a lidarem com os principais problemas de sobrevivência colocados pelo meio ambiente.

- Apesar das diferentes formas de expressão de emoções em várias espécies, existem certos elementos comuns, ou padrões de protótipos, que podem ser identificados.
- Há um pequeno número de emoções básicas, primárias ou prototípicas.
- Todas as outras emoções são estados mistos ou derivados; ocorrem como combinações, misturas ou compostos das emoções primárias.
- As emoções primárias são construções hipotéticas ou estados idealizados cujas propriedades e características só podem ser inferidas a partir de vários tipos de evidências.
- As emoções primárias podem ser conceitualizadas em termos de pares de opostos polares.
- Todas as emoções variam em grau de similaridade entre si.
- Cada emoção pode existir em vários graus de intensidade ou níveis de excitação.

Robert Plutchik detectou 8 emoções primárias e 8 avançadas que resultam em 8 sentimentos. Esses sentimentos se desdobram, produzindo diversas emoções diferentes no ser humano.

O desenho facilita a compreensão de como as emoções se constroem e como podemos utilizá-las para arquitetar a nossa vida de forma mais consciente. Ao analisarmos a tabela, percebemos a dimensão dos nossos sentimentos e como fomos manipulados pela nossa mente que mente para escondê-las.

Roda das Emoções de Plutchik

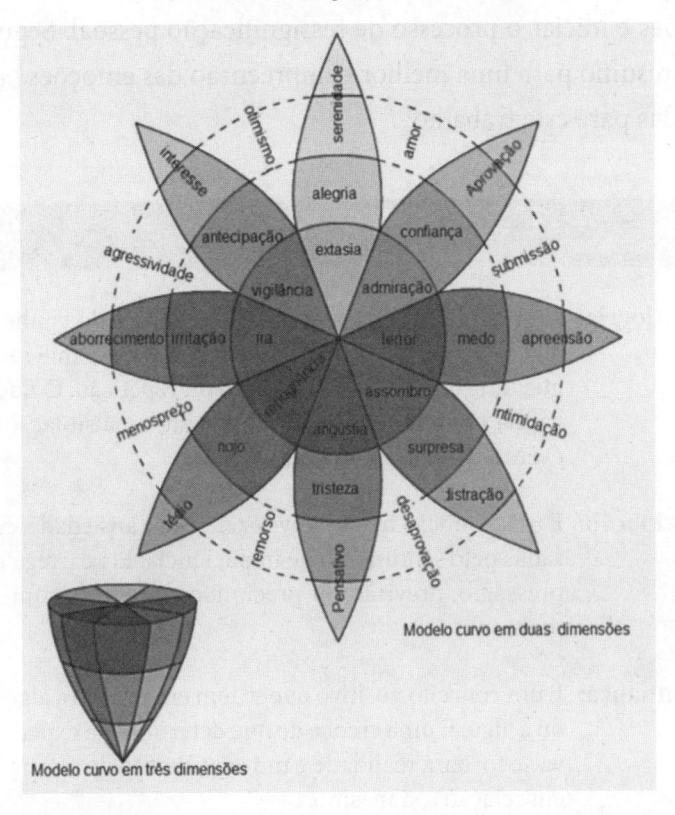

Modelo curvo em duas dimensões

Modelo curvo em três dimensões

Confira as principais emoções identificadas por pesquisadores em pesquisas posteriores:

1. admiração	10. desejo sexual	19. medo
2. adoração	11. dor empática	20. nojo
3. alívio	12. espanto	21. nostalgia
4. anseio	13. estranhamento	22. raiva
5. ansiedade	14. excitação	23. romance
6. apreciação estética	15. horror	24. satisfação
7. arrebatamento	16. inveja	25. surpresa
8. calma	17. interesse	26. tédio
9. confusão	18. júbilo	27. tristeza

Acredito que agora você esteja preparado para classificar suas emoções e iniciar o processo de ressignificação pessoal. Segue um breve resumo para uma melhor compreensão das emoções básicas adotadas para este trabalho:

EMOÇÕES BÁSICAS

Alegria: Considera-se que a alegria ocorra diante do ganho de algo avaliado como sendo de valor, para o que se segue uma tendência de retenção ou repetição. O que se ganha pode ser desde um objeto até uma situação ou evento que seja valorizado.

Antecipação: É uma emoção que envolve excitação e ansiedade, causadas pelo sentimento de impaciência. Ela carrega um presságio, previsão ou precipitação de um acontecimento futuro.

Confiança: É um conceito positivo que se tem em relação a alguém ou a algo. É uma crença de que determinada expectativa se tornará realidade e um sentimento de segurança em relação a si mesmo.

Irritação: É um estado de nervosismo ou de cólera contidos quando não se consegue obter o controle das situações.

Medo: O medo é despertado diante de um evento ameaçador causado pelo ambiente ou por outra pessoa, gerando a interpretação de incerteza ou falta de controle em relação ao que pode ocorrer, tipicamente resultando numa resposta de fuga que objetiva colocar o indivíduo de volta em segurança.

Nojo: O nojo, repulsa ou aversão, é eliciado por situações ou coisas consideradas repulsivas e indesejáveis, com a tendência subsequente de expulsão ou remoção da coisa provocante.

Surpresa: A surpresa é gerada por um evento inesperado ou a interrupção súbita de um estímulo, provocando uma pausa, permitindo que o indivíduo tenha tempo para se orientar.

Tristeza: A tristeza é uma emoção gerada por acontecimentos indesejados, caracterizada pela falta da alegria, ânimo, disposição e insatisfação.

As emoções podem ser classificadas em quatro pares opostos: alegria e tristeza, irritação e medo, confiança e nojo, surpresa e antecipação. Os pares podem se correlacionar entre eles, alterando os sentimentos e ampliando as sensações.

LUISA é uma jovem que, aos 34 anos, não encontrava uma resposta para o tamanho sofrimento negativo que vinha sentindo. Via-se sem um compromisso afetivo duradouro, suas amigas estavam todas casadas ou compromissadas.

Ela havia se relacionado com vários homens e sempre sem sucesso, acabava terminando o namoro alguns meses depois. Era como se estivesse à espera de um príncipe encantado. Buscou por muito tempo encontrar uma resposta que pudesse justificar a falta de compromisso emocional com um parceiro.

Com o passar dos anos, descobriu numa sessão de terapia que ela não aceitava bem os entornos do relacionamento. Ela havia encoberto no inconsciente uma grande decepção amorosa que havia sofrido na adolescência.

Carregava uma mágoa profunda por ter sido traída pela sua melhor amiga. Percebeu com o passar do tempo que quando o relacionamento se estreitava, ela começava a se proteger da possível dor que poderia sentir caso fosse largada novamente.

O comprometimento dela consigo mesma era frágil e inseguro. Sua autoestima estava baixa e ela rejeitava qualquer compromisso que pudesse tirá-la de sua zona de conforto.

Há dois anos Luisa está vivendo um grande amor.

Procure refletir um pouco e descubra quais emoções estão encobrindo a real e verdadeira razão do seu sofrimento.

A lista na página seguinte poderá ajudar você a entender como as emoções se relacionam entre si e quais os sentimentos que são desencadeados.

Eu volto a perguntar: Quais são os sentimentos que provocam desconforto na sua vida? E quais os que atrapalham sua capacidade de discernimento e atitudes?

Vamos trabalhar então para retirar os obstáculos que o impedem de seguir a sua vida com sucesso pessoal e prosperidade emocional.

No momento em que se estabelece uma relação entre os sentimentos e as emoções geradas por conflitos ou traumas, o consciente passa a trabalhar em modo operacional, facilitando as vias de compreensão das "desafetividades", mágoas ou decepções.

Você deve concordar comigo que as emoções positivas são as mais fáceis de serem identificadas pelo nosso consciente, pois estamos acostumados a imaginar esses sentimentos desde a infância. Todas as histórias infantis, por exemplo, possuem um final feliz. Através delas, buscamos nos identificar com os sentimentos bons e reclassificar as nossas emoções estratégicas para nos confortar.

Já as emoções negativas não são bem-vindas. Não desejamos trazê-las para perto da nossa alma, ao contrário, queremos distância das recordações ruins e do consequente desequilíbrio estrutural que elas nos causam.

As decepções, dores, angústias e medos despertam insegurança, porque não fomos educados para tratá-las com leveza e simplicidade.

EMOÇÕES E SENTIMENTOS

Antecipação	+	Alegria	=	Otimismo
Antecipação	+	Confiança	=	Esperança
Antecipação	+	Surpresa	=	Ansiedade
Alegria	+	Confiança	=	Amor
Alegria	+	Medo	=	Culpa
Alegria	+	Surpresa	=	Prazer
Confiança	+	Medo	=	Submissão
Confiança	+	Surpresa	=	Curiosidade
Confiança	+	Tristeza	=	Sentimentalidade
Medo	+	Surpresa	=	Temor
Medo	+	Tristeza	=	Desespero
Medo	+	Nojo	=	Vergonha
Surpresa	+	Tristeza	=	Desaprovação
Surpresa	+	Nojo	=	Descrença
Surpresa	+	Irritação	=	Indignação
Tristeza	+	Nojo	=	Remorso
Tristeza	+	Irritação	=	Inveja
Tristeza	+	Antecipação	=	Pessimismo
Nojo	+	Irritação	=	Desprezo
Nojo	+	Antecipação	=	Cinismo
Nojo	+	Alegria	=	Morbidez
Irritação	+	Antecipação	=	Agressividade
Irritação	+	Alegria	=	Orgulho
Irritação	+	Confiança	=	Dominância

ARQUITETURA EMOCIONAL

Sofisticamos o verdadeiro significado das emoções para nos esconder de nós mesmos; o nosso EU procura um esconderijo para fugir das ameaças que criamos e nos proteger da dura e cruel realidade.

Na maioria das vezes, acabamos deixando as emoções adormecidas por toda uma eternidade, esquecendo-as num tempo que aconchegue as tristezas em nosso inconsciente até que um dia precisamos resgatar a nossa essência para recuperar o estado de paz e conforto.

Suas considerações: _____
_____
_____
_____
_____

Observar
Refletir
Conscientizar
Ressignificar
Ativar
Produzir
Implementar

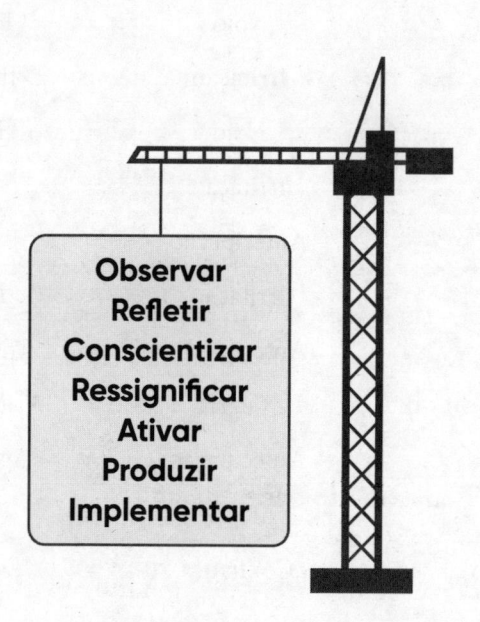

TERCEIRO PASSO

Personagens Adquiridos

Descobrindo os diversos papéis atuados que disfarçam a vida cotidiana

Qual é o principal personagem com o qual você se identifica e que sente prazer em dramatizá-lo, atuando como um papel secundário em sua vida emocional?

Quando estamos passando por um processo difícil e doloroso em nossa vida, o inconsciente procura diversos refúgios para acobertar a nossa real personalidade, porque no nível consciente precisamos fugir da realidade penosa para continuarmos a viver.

Não que o personagem dominante seja ruim para nossas vidas, mas ele, com o passar do tempo, vai solidificando e fortalecendo uma característica diferente para nos proteger dos nossos próprios inimigos.

Significa que o personagem poderá assumir o seu próprio papel, impedindo-o de realizar os seus projetos pessoais.

O fato é que toda vez que surgem situações que nos deixam atrapalhados, envergonhados e sem rumo, nos sentimos desafiados em nosso íntimo mais profundo, e procuramos um caminho paralelo, muitas vezes prejudicial ao nível emocional e físico.

Se você tem vergonha de falar em público e descobre que consegue atuar utilizando um personagem para aliviar o seu desconforto momentâneo, provavelmente assumirá automaticamente o papel de um gozador ou de um contador de histórias, por exemplo.

Sempre você usará esse mecanismo, o mesmo caminho para conseguir atingir o objetivo principal, que é o de se comunicar em público.

Quanto mais continuar dando vida a esse personagem, mais estará encobrindo a verdadeira razão que o faz entrar em situações conflitantes e de difícil solução.

Ao descobrir qual papel está dramatizando, fica mais fácil você compreender que o seu problema primário pode ter uma solução.

É importante conseguir identificar quais os seus mecanismos de fuga e que, de certa maneira, trazem um conforto momentâneo, porém não resolvem sua vida a médio e longo prazo.

Geralmente, a repetição de atitudes que nos qualificam é o motivo pelo qual acabamos perdendo a autoestima e a capacidade de discernimento e observação.

> **SOFIA** *é uma adolescente de 18 anos, acabou o ensino médio e está na fase de provas para o vestibular. Ela não consegue saber o que realmente deseja seguir como carreira, sente-se insegura porque sofre a pressão da família e dos amigos. Ela não entende porque sente tantas dúvidas sobre o que realmente gostaria de estudar.*
>
> *Ela sabia que sua mãe, quando ficou grávida dela, estava no último ano do ensino médio e teve que interromper seus sonhos, modificando sua vida e seu futuro. Sofia sentia uma culpa enorme por ter "tirado a mãe do seu caminho" e percebia que ela, inconscientemente, cobrava da filha uma postura diferente e mais madura.*
>
> *Essas emoções a deixavam confusa e frustrada a ponto de atrapalhar em sua escolha pessoal.*
>
> *Sofia, para não desagradar a família e os amigos, assumiu a personagem de "Perseguida" e passou a se desculpar dizendo que não davam espaço para ela.*

Ao compreender as suas verdadeiras razões, Sofia descobriu que gostaria de ser enfermeira e trabalhar num hospital infantil e que deixaria para prestar o exame no semestre seguinte, para estruturar o seu tempo de uma forma mais conveniente.

Ela percebeu que seus medos e culpas estavam associados de maneira errônea. Quando trouxe à consciência diversos fatos da realidade, Sofia pôde entender o mecanismo que havia utilizado para encobrir a sua verdadeira razão.

A seguir, veja uma lista de prováveis personagens com os quais nos identificamos durante a nossa vida e que nos ajudam a encobrir as reais dificuldades que enfrentamos no dia a dia.

PERSONAGENS

Amoroso:	Aquele que sempre encontra um jeito de conseguir as coisas através de palavras e gestos amorosos.
Análogo:	Sempre tem um lápis e um papel na mão para organizar as ideias.
Apressado:	Sempre com a agenda lotada de compromissos, e que precisa dar conta de todos.
Artista:	Sempre enxerga a vida com dimensões criativas.
Avalista:	Sempre dá um carimbo no final do dia em todos os trabalhos.
Batalhador:	Esforçado por natureza, acredita que tudo depende da quantidade de esforço que desprende num trabalho.
Bebedor:	Consegue inspiração nos encontros de *happy hour*, nas festas e reuniões sociais.
Calculador:	Com as estatísticas em mente, vive de probabilidades, tudo tem um número que se aplica para as respostas.
Controlador:	Tem de ter tudo e todos ao seu alcance, as rédeas nas mãos para tomar as decisões, não sabe delegar funções.

Dissimulado: Está disfarçado, fingindo situações para se desculpar das obrigações.

Ditador: Formula normas e regras para todos à sua volta, por falta de conhecimento pessoal.

Empreendedor: Enxerga o futuro em diversas áreas da vida, investindo muito tempo em novos negócios.

Emprestador: Possui qualidades materiais e emocionais ao seu alcance para ajudar as pessoas.

Energético: Desperta com a corda mecânica e só dorme quando ela acaba, sempre ligado no 220 w.

Enrolador: Procura inúmeras opções extraviadas do objetivo principal para não realizar uma tarefa desagradável.

Esforçado: Possui uma meta e desprende toda sua capacidade para realizá-la com êxito, vive como se estivesse escalando uma montanha diariamente.

Estagiário: Com postura jovial, não se responsabiliza por nada além do que lhe foi conferido.

Estressado: Inquieto, sente-se pressionado e vive exausto, preocupando-se com as atitudes dos outros de forma exacerbada.

Filósofo: Vive de teorias abstratas e da relatividade cósmica, não se aprimora nos fatos, viaja em suas experiências.

Gestor: Administra todas as áreas com extremo controle e segurança, teme o próximo e novas experiências.

Historiador: Possui sempre uma história boa para contar, real ou inventada, normalmente nos momentos em que se encontra sem atitude.

Infantil: Busca seu lado criança para recorrer às necessidades mais difíceis, evitando responsabilidades.

Líder: Comandante por natureza, orienta e coordena todos os trabalhos ao seu modo.

Mimado: Sensível, precisa sempre de proteção e atenção de todos, incapaz de tomar decisões e de se responsabilizar pelas ações.

Motivador: Aquele que tem capacidade para dirigir todos os assuntos com positivismo, impulsionando as pessoas ao seu redor para que conquistem seus objetivos.

Nerd: Focado ao extremo, possui capacidade para desenvolver as tarefas de um modo peculiar, não tem tempo para relaxar nem para se distrair do assunto pendente.

Otimista: Positivo, acredita em mudanças e pratica confiança em suas decisões, enxerga tudo e todos com positivismo e elabora planos de sucesso.

Perseguido: Vive atormentado porque acredita que tudo e todos conspiram contra ele, sofre de rejeição e isolamento.

Pessimista: Dificilmente enxerga resoluções para os problemas, causando-lhe sensação de estagnação, não confia no outro e acredita que sua vida é uma batalha.

Pragmático: Objetivo e prático, obedece a hábitos e normas sem questionar, normalmente não tem jogo de cintura.

Preguiçoso: Lânguido e vagaroso, possui um estado de desânimo frequente, o que causa lentidão em suas ações e falta de comprometimento com o tempo.

Romântico: Floreia a vida com poesia, enxerga as pessoas com ingenuidade e pureza, mas sofre de melancolia.

Religioso: Busca conforto em suas crenças e as pratica com regularidade, responde bem às regras impostas pela sociedade teóloga.

Silencioso: Prefere um status onde passa por despercebido, não gosta de manifestar suas opiniões e atitudes, criando uma sensação de vácuo por não se colocar devidamente em assuntos que não lhe agradam.

Sonhador: Vive como se estivesse no mundo da lua, fora da realidade, cria planos futuristas inatingíveis para explicar o fracasso do presente.

Trabalhador: Aquele que busca soluções, é objetivo e define tarefas diariamente para executá-las.

Velho: Ancião por sua natureza emocional, vive do passado e reclama demais dos avanços tecnológicos e da sociedade moderna.

Viajante: Prefere estar em outros lugares físicos e emocionais, não gosta de viver a realidade e busca sair do caos sem resolver os problemas cotidianos.

Vítima: A vida gira em torno de si mesmo, sofredor, procura causas externas para seus problemas, negocia sua felicidade em troca de atenção exagerada.

Zen: Veio ao mundo para não se preocupar, possui uma mente aberta e liberta, quer viver como um ermitão, sem se preocupar com regras e códigos de conduta.

Ao criar um personagem imaginário, você passa a entrar em conflito porque gera expectativa ao seu redor, e as pessoas passam a cobrar de você atitudes que não correspondem ao seu verdadeiro EU.

Ao nos identificarmos com um ou com vários personagens que representamos, podemos iniciar um processo de desativação da carga sustentável nas emoções adquiridas.

Baseando-se nas informações anteriores, quero que você responda:

- Estou satisfeito com os papéis que tenho representado durante a minha vida?
- Quais são os personagens que continuam assombrando a minha segurança pessoal?
- Quais são os papéis que me agradam?

- Qual conforto sinto em representar um papel para encobrir minha angústia e desespero?
- Qual o real motivo para que eu me fantasie com um personagem, e viva como se fosse ele?
- Quantas vezes precisei buscar um refúgio para enfrentar uma situação que me desagradasse?
- Na minha infância, qual era o papel que eu mais gostava de representar no "Faz de conta"?
- Por que eu assumia esse papel?
- Quem se beneficiava quando eu encobria as características pessoais da minha personalidade?
- Qual é a verdadeira razão para eu me esconder?
- Eu quero mudar?
- Eu quero recuperar minha essência e reconstruir a minha vida?
- Eu estou pronto para ressignificar minhas atitudes?
- Estou preparado para arquitetar minhas emoções?

Suas considerações: _____
_____
_____
_____
_____

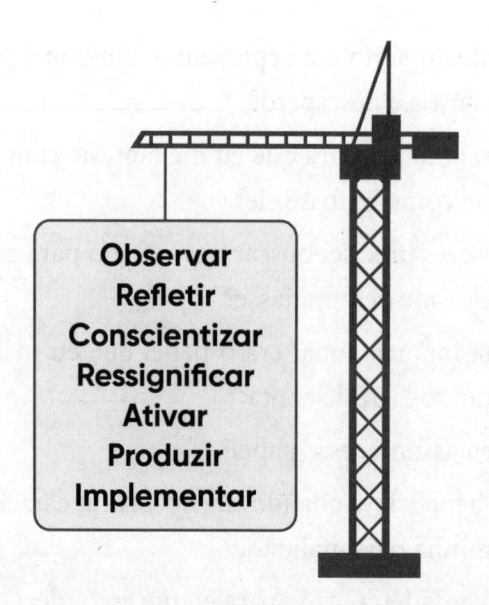

> Observar
> Refletir
> Conscientizar
> Ressignificar
> Ativar
> Produzir
> Implementar

QUARTO PASSO

Sabotadores Anônimos

Identificando e criando amizade
com o sabotador pessoal

Parabéns, você chegou ao quarto passo para reconstruir suas emoções. Isso significa que você está se preparando para buscar um novo equilíbrio em sua vida e está se libertando de preconceitos e julgamentos pessoais.

A sua vida vale cada instante que você investe nela. Cada trabalho realizado para o engrandecimento emocional sempre abrirá caminhos para novas oportunidades na vida familiar, amorosa, profissional e espiritual.

Somos a conquista do que construímos para nós, sem muitas vezes percebermos o tortuoso caminho que nos foi colocado por nós mesmos.

Quando adquirimos a consciência necessária para entendermos quem somos de fato, evoluímos para um nível maior de elaboração pessoal que nos permite acessar todas as possibilidades a fim de tornarmos nossa vida mais agradável e feliz.

Desse modo, podemos concluir as metas e os objetivos que impomos a nós mesmos.

Quando trazemos à consciência nossas emoções e os papéis que precisamos atuar na sociedade em que vivemos, começamos a preparar nosso emocional para receber novas informações, permeando tudo que possa ajudar a reconstruir nossa vida de forma saudável e equilibrada.

O quarto passo fala sobre o sabotador.

Não é qualquer sabotador, é aquele que você construiu inconscientemente para se defender dos obstáculos que enfrentou, escolhendo personagens que serão responsabilizados pelo insucesso inconsciente dos seus projetos.

O problema é que acabamos nos tornando parte desse personagem e passamos a coexistir em forma simbiótica – já não conseguimos mais distinguir quem somos e quem é o sabotador.

Afinal, o que é um sabotador?

Como podemos encontrar e identificar o nosso sabotador?

No dicionário, o significado de sabotagem é "a ação ou efeito de sabotar, prejudicar. Ação de provocar prejuízos ou danos, tentando desta forma, impedir o funcionamento regular de empresas, instituições, projetos, relações pessoais e familiares". É toda e qualquer ação que tem como objetivo prejudicar alguém. Neste caso, é o ato de provocar danos e prejuízos a nós mesmos.

O sabotador é o personagem desta ação, o causador de danos e prejuízos, e mais especificamente, é o nosso próprio vilão!

Agora você se assustou, não é verdade?

Isso mesmo, estamos sempre trabalhando para cumprir metas e, ao mesmo tempo, trabalhamos contra elas, ou seja, estamos tentando impor empecilhos para que a meta seja desativada, paralisada ou postergada.

Um bom filme de suspense, por exemplo, conta com a habilidade do diretor para encobrir o vilão, confundindo a capacidade de discernimento do espectador para camuflar quem de fato é o mocinho e quem é o bandido.

Assim é na vida, nos enganamos o tempo todo com falsas acusações ou significados sobre nossa personalidade quando somos acometidos por um sentimento desconhecido que nos causou insegurança e desconforto.

Proponho que você desligue o motor automático convencional do seu consciente e use o manual para dirigir sua vida, assim poderá controlar a velocidade que deseja para entrar no seu inconsciente, administrando seus novos caminhos, prosseguindo sua jornada de forma segura.

Precisamos entender que podemos manipular aquilo que está ao nosso alcance para nos obrigar a conhecer mais sobre nós mesmos.

Complicado, mas de extrema importância, arrumamos sempre um bom motivo para justificarmos uma escolha ruim, um acidente de percurso, uma atitude indesejada, uma palavra dita em hora errada ou mesmo uma situação desconfortável.

Apontamos externamente uma causa ou outras pessoas para que carreguem a culpa dos desajustes que desenvolvemos para nós mesmos durante a vida.

Meias palavras bastam para um bom entendedor, mas se você, aqui e agora, estiver fantasiado com um dos personagens, provavelmente vai estar dizendo que tudo isso é uma bobagem e que o conteúdo do texto não tem importância.

Se este é o caso, você está enganado.

Despeça-se de todas as fantasias que vem utilizando até o momento, olhe-se no espelho e enxergue-se de verdade, desnudo e transparente. Experiencie uma viagem interna, como se você pudesse olhar o interior do seu próprio corpo, seu organismo.

Enxergue seus órgãos, sinta seu fluxo sanguíneo, perceba o movimento do diafragma ao inalar e exalar profundamente o ar. Controle seus impulsos e emoções nesse exato momento.

Relaxe e sinta você mesmo, inspire segurança e expire dores, perceba o quão leve pode ficar ao se encontrar com o seu mais profundo íntimo.

Deixe os sentimentos negativos saírem da sua alma, deixe ser levado pela fé, sem tempo nem espaço.

Estar em contato com a sua alma é essencial para que você se sinta seguro ao percorrer esse trajeto emocional. Você precisa conectar-se ao mais profundo EU para iniciar o seu processo arquitetônico.

Pronto, inspire e expire mais uma vez... agora você está preparado para continuar a sua leitura.

Seguem algumas questões que devem ser respondidas quando você estiver em contato consigo mesmo, livre de qualquer vestimenta ou julgamento.

- Qual emoção desperta o meu vilão interno?
- Qual é o sabotador que desenvolvi para me defender?
- Quando ativo meu sabotador?
- Quanto tempo ele fica no meu lugar dando explicações?
- O que me conforta quando ele assume meu lugar?
- O que eu trouxe do meu passado para acrescentar características ao meu sabotador?
- Estou preparado para deixar de alimentá-lo?
- Pretendo viver com as minhas emoções básicas conscientes?
- Quero cumprir minhas metas e missões que foram traçadas sabiamente?
- Quero ser feliz?
- Estou preparado para me libertar do meu próprio opositor?

Suas considerações: _____
_____
_____
_____

Quando começamos a questionar nosso EU interior, muitas respostas chegam para resolver outras tantas questões – mesmo aquelas para as quais ainda não parecíamos prontos, portanto, deixe fluir toda e qualquer lembrança que vier à mente.

Não tenha medo, desapegue-se de você mesmo!

No livro *Inteligência Positiva*, de Shirzad Chamine, o autor afirma que a mente humana é a melhor aliada de cada indivíduo e, paradoxalmente, também sua pior inimiga.

Os sabotadores internos estão sempre em atividade, mas é possível identificá-los e assim enfraquecê-los para melhorar a ação do cérebro a favor do desenvolvimento pessoal de cada indivíduo.

De acordo com Chamine, todo indivíduo possui pelo menos dez inimigos internos que criam padrões de comportamento como resposta a situações corriqueiras da vida. São eles:

O crítico – Considerado o principal sabotador pelo potencial destrutivo que carrega, esse inimigo da mente faz com que o indivíduo encontre defeitos excessivos em si mesmo, nos outros e nas situações que surgem gerando insatisfação, ansiedade e culpa.

Se você se enquadra na descrição deste sabotador, significa que foi a forma mais fácil que conseguiu encontrar para enfrentar questões difíceis de serem solucionadas ou decisões importantes a serem tomadas.

Normalmente a pessoa usa a crítica para se desvincular da responsabilidade que lhe é exigida. Tem medo de ser condenada ou reprovada em suas relações pessoais. A insegurança pode criar uma barreira para que você se sinta menos vulnerável com o seu posicionamento duro, contrário ou negativo.

O insistente – Acredita que a perfeição depende exclusivamente dele, levando isso às últimas consequências, gerando frustrações e muita ansiedade.

O insistente carrega uma peculiaridade muito nítida: está sempre querendo convencer os outros de que ele é um profundo conhecedor de algum assunto e, portanto, qualquer decisão a ser tomada precisa ser persistente.

Um sabotador insistente sofre em demasia porque procura agir dentro de moldes muito rígidos de cobrança e não consegue libertar-se da responsabilidade que ele próprio determinou. Ele não admite nenhuma atitude que possa fazê-lo se sentir desqualificado, e não se permite ter um tempo livre para relaxar durante o processo.

O prestativo – Obriga o indivíduo a correr atrás de aceitação e de elogios dos outros em qualquer situação. Ao tentar agradar, perde de vista as suas próprias necessidades.

Todos nós conhecemos este tipo de sabotador, porque é uma característica muito fácil de ser detectada. É muito comum se encaixar e se reconhecer nesta descrição.

O prestativo está sempre querendo agradar os outros, arruma tempo para prestar qualquer tipo de atenção ou ajuda necessária. Normalmente este sabotador esquece de suas próprias vontades, deixa em segundo plano seus objetivos e acaba, quando menos se espera, explodindo as próprias emoções através da irritação, que se transforma em ódio e mágoa.

Uma mistura de fracasso interno e necessidade em ser reconhecido e aprovado em tudo que realiza. Essa pessoa esquece de se amar, está sempre buscando o amor em outro.

O realizador – Este sabotador acredita que é digno de respeito se apresentar um desempenho excelente e realizações constantes.

Esse tipo de pessoa trabalha exaustivamente, dedica todo tempo necessário para realizar suas tarefas com êxito e maestria.

Impulsionado pelo extremo desempenho, ele esquece completamente a sua vida emocional, deixando de lado qualquer situação que necessite de um entendimento psicológico. Sua vida pessoal está sempre em segundo plano.

Quanto mais trabalha, menos pensa em seus problemas pessoais de difícil resolução. Ele se empenha no trabalho mecânico e só busca soluções no intuito de conseguir resultados racionais.

Normalmente, essa pessoa se cansa desnecessariamente e acaba com um esgotamento físico, prejudicando a própria saúde.

A vítima – Temperamental e emotivo, busca a atenção das pessoas ao seu redor para receber afeto, valorizando seus próprios sentimentos.

A vítima normalmente esconde a insegurança e precisa absorver a energia dos outros para conseguir sobreviver aos eventos fortuitos que aparecem em sua vida. É como um vampiro de energia porque precisa da luz das pessoas para viver. Se contrariado, perde o equilíbrio racional dos diálogos e acaba entrando em depressão.

Sempre coloca em primeiro plano os seus problemas, elevando-se a níveis absurdos de contrariedade. Acaba criando uma dependência orgânica e sensitiva de seus alvos.

Absorto em uma extrema carência, prefere conviver com quem o ampare e proporcione acolhimento, tanto físico como emocional. Seus problemas são sempre maiores do que os dos outros e suas doenças infinitamente piores.

O racional – Coloca a racionalidade acima de tudo e é muito impaciente com as emoções alheias, o que o torna inflexível nas relações pessoais e amorosas.

Esse sabotador tende a esconder suas emoções primárias. Encontra muita dificuldade em enfrentar as questões emocionais relacionadas ao seu próprio desempenho. Toda e qualquer questão sempre tem uma explicação lógica, com isso ele busca nas razões métricas uma desculpa para não entrar numa área que possa amedrontá-lo.

Normalmente aparenta ser uma pessoa fria e calculista, mas na verdade é um indivíduo cheio de emoções. Como não consegue trabalhar os próprios sentimentos, amplia seu desempenho racional aos outros, o que muitas vezes acaba por afastá-los de seu convívio diário.

O vigilante – Vive em estado de alerta e gera imenso estresse ao seu redor.

Esse sabotador, em geral, vive como sentinela. Ele está sempre atento a qualquer mudança e movimento que ocorra ao seu redor. Como uma sirene, coloca-se em posição de acionador, elevando a atenção do espectador ao caos imediato.

Para ele, tudo é uma desordem quando não se é cauteloso. A questão é que, com a convivência, as pessoas acabam não conseguindo distinguir o que é real por causa da sua supervalorização dos problemas.

Ele tende a esconder suas preocupações emocionais no excesso de zelo com as pessoas e nas atividades que realiza podendo causar medo e estresse ao seu redor — emoções que assombram sua capacidade de reagir conforme a necessidade e o tempo natural no decorrer da vida.

Quanto mais ele permanece na espreita, em vigília, mais esconde suas emoções primárias.

O inquieto – Constantemente em busca de emoções, perde o foco facilmente e não consegue viver o presente.

Esse sabotador é o típico sujeito que não para quieto. Muitas vezes confundido com uma pessoa que sofre do distúrbio de déficit de atenção (DDA), ele não consegue focar em suas metas porque sabe que precisa enfrentar alguns problemas antes de realizá-las.

Como procura não pensar nas suas emoções, ele se absorve em diversas atividades para fugir do foco, principalmente em conversas superficiais e sem valores pessoais.

Está sempre agitado e, consequentemente, cansado. No final do dia sente-se deprimido porque não conseguiu resolver as questões pendentes e acaba entrando num ciclo vicioso de atividades desnecessárias.

O controlador – Precisa estar no comando das decisões o tempo todo, dirigindo e disciplinando todas as ações possíveis no seu ambiente social, profissional ou familiar.

Esse sabotador tem uma personalidade dominadora, onde quer que vá, sempre manipula as pessoas com suas histórias de vida. Criando suas próprias regras, ele tenta influenciar os outros e persuadi-los a agir de acordo com seus princípios e finalidades.

O controlador precisa estar com as rédeas na mão, dirigindo os passos dos outros para não ter que dirigir os seus próprios. Isso significa que existe uma clara falta de controle em sua própria charrete. Ele busca determinar o padrão dos outros para que não precise enfrentar sua imensa insegurança emocional.

O esquivo – Não se posiciona diante de situações que exigem parcialidade, sempre adia soluções importantes porque acredita que assim consegue evitar os conflitos.

Esse é o sabotador mais fácil de trabalhar porque está sempre sem uma opinião formada, não se coloca em situações de risco e não se compromete.

Famoso por "subir no muro", procura agradar a todos para não receber críticas. Sua insegurança e falta de estima o faz não se arriscar em conceitos. Totalmente apartidário, não consegue se posicionar diante de uma discussão, prefere se desculpar a justificar a sua falta de posicionamento.

Sempre de temperamento fácil e com um grande sorriso nos lábios, está disponível para qualquer convite ou atividade que receber. Muitas vezes, quando pressionado, se torna agressivo e indelicado pela falta de respostas que permeiam sua baixa estima.

Suas considerações: _____
_____
_____
_____

O problema é que acabamos nos tornando parte desse personagem e passamos a coexistir em forma simbiótica, já que não conseguimos mais distinguir quem somos e quem é o sabotador.

Entendendo melhor todos os sabotadores, você poderá buscar suas emoções primárias e trazê-las ao seu consciente para facilitar o seu trabalho arquitetônico.

O importante aqui é descobrir quais papéis você tem interpretado para satisfazer suas necessidades e qual sabotador você utiliza para atrapalhar o seu objetivo final. São dois momentos distintos.

MOACYR é um bom exemplo: empresário de 42 anos, divorciado e pai de duas lindas meninas. Trabalha no ramo de construção civil desde os primeiros anos da faculdade de engenharia.

Depois de formado, foi trabalhar na empresa da família, estabelecida em Campinas, com mais de 50 anos no mercado.

Frequentou a faculdade de engenharia em São Paulo, a Politécnica, assim como seu pai e seu avô paterno. Seguiu os passos da família e sempre entendeu que possuía um comprometimento pessoal com eles.

Tentando seguir os passos da família, ele não percebeu que sua identidade ficou prejudicada. Inconscientemente, ele bloqueou suas emoções e passou a liderar a empresa com o sabotador racional. Precisava mostrar sua capacidade intelectual e habilidade administrativa.

Trabalhava mais de 15 horas por dia, esquecia dos programas familiares e estava sempre cansado — nunca queria discutir os problemas pelos quais as filhas estavam passando. Com o tempo, se afastou e tornou-se um sujeito calculista e cético.

Depois de alguns anos, a esposa pediu o divórcio. Assim, separaram-se, compartilhando a guarda das filhas. Ele mergulhou em uma enorme crise de solidão, afastou-se de todos os amigos e dedicou-se ainda mais ao trabalho. Ao perceber que sofria pela falta de uma relação emocional, buscou ajuda na arquitetura emocional.

Descobriu que sofria um medo enorme de fracassar e ser rejeitado pelo pai e por isso passou a administrar sua vida de forma racional. Despediu-se do seu sabotador, trabalhou o perdão e a rejeição e hoje ele tem uma nova proposta de vida. Trabalha menos e dedica o tempo livre às filhas e aos amigos. É um homem realizado profissionalmente e emocionalmente.

Os sabotadores internos estão sempre em atividade, sendo possível identificá-los e assim enfraquecê-los para melhorar a ação do cérebro a favor do desenvolvimento pessoal de cada indivíduo.

QUARTO PASSO

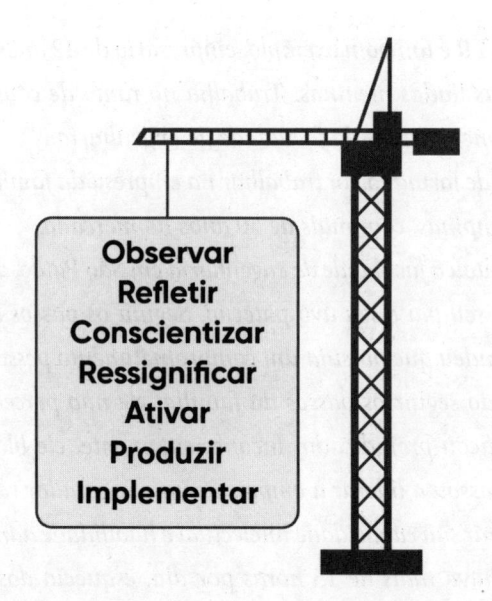

Observar
Refletir
Conscientizar
Ressignificar
Ativar
Produzir
Implementar

QUINTO PASSO

Hábitos Emocionais

Reconhecendo atitudes comportamentais constantes que prejudicam a saúde emocional

A maior questão abordada nas últimas duas décadas por neurologistas, psicólogos, sociólogos e publicitários refere-se aos comportamentos repetitivos — como os hábitos funcionam e como podem ser transformados.

É uma tentativa racional a mudança de hábitos em uma pessoa, para que ela possa entrar em um novo eixo de pensamentos e sentimentos positivos e salubres. Com o passar do tempo, determinados hábitos costumam causar um enorme impacto na saúde, na produtividade profissional, na estabilidade financeira e consequentemente, na felicidade.

Mas, afinal, qual o significado da palavra hábito?

É uma ação que se repete com frequência e regularidade; um modo regular de ser, sentir ou realizar algo, uma mania ou um costume.

Na filosofia, o hábito, com sua conformidade e constância, vem corrigir a versatilidade da vontade. Aristóteles preconizava a aquisição de bons hábitos para garantir o cumprimento da ordem moral. Enquanto conservam a flexibilidade do espírito que os fez nascer, revelam a presença ativa da inteligência e da vontade que nelas vivem incorporadas. Adquiridos por um esforço consciente e voluntário, se desenvolvem em hábitos positivos, comumente chamados de virtudes, ou hábitos negativos, os famosos vícios.

Desde a infância, fomos educados para ter bons hábitos. Gosto muito da palavra francesa *habitude* para definir melhor a ação do hábito construído. Cultivar bons hábitos desde a mais tenra idade é um caminho seguro para uma vida saudável.

Os hábitos são mecânicos e diversos, como escovar os dentes, despertar em um mesmo horário, comer sempre determinados tipos de alimentos, lavar as mãos etc. Crescemos ouvindo falar sobre hábitos.

Veja a seguir alguns exemplos de hábitos saudáveis que devemos adotar para ter uma vida mais equilibrada, aumentando a autoestima e desenvolvendo a segurança necessária para ajudar na busca de metas e propósitos:

- Consumir alimentos balanceados e nutritivos;
- Praticar regularmente atividades físicas;
- Entrar em contato com a natureza;
- Não ter vícios;
- Se envolver em atividades sociais prazerosas e construtivas;
- Controlar o estresse;
- Valorizar a convivência familiar;
- Estimular o cérebro com atividades intelectuais;
- Dormir bem.

Todos questionam os hábitos alheios e os próprios, e acabam criando um compromisso social de repetir atitudes saudáveis, na esperança de resolver os problemas cotidianos. Contudo, as pessoas raramente mudam — continuam repetindo os velhos e insalubres hábitos.

Inconscientemente, possuímos hábitos emocionais, mecanismos que utilizamos para nos defender das premissas não conscientes. São os hábitos emocionais que podem tornar nossa vida mais segura e feliz. Ao detectarmos qual é a emoção negativa que desencadeia a constância de sentimentos negativos, estaremos trabalhando o inconsciente para que possamos abrir os caminhos para o sucesso que almejamos.

Ao arquitetar as emoções, estaremos reconstruindo os hábitos negativos emocionais desenvolvidos durante a vida.

Então, como mudar os hábitos? Como mudar o cenário externo se eu não realizar essa mudança internamente primeiro? Conscientizar-me sobre as emoções negativas que estão me impedindo de exercer alguma atividade poderá ajudar na desconstrução do hábito emocional, impedindo que eu recrie e desenvolva um novo hábito insalubre.

Sem perceber, as pessoas voltam ao seu ponto original. Ao arremessarmos uma pedra num lago, imediatamente podemos perceber como ele reverbera, criando ondas circulares e sistemáticas.

São várias as situações que denunciam a necessidade de uma mudança de hábito: se no seu ambiente de trabalho você não encontra possibilidades para evoluir profissionalmente, ou se você está repetindo ações negativas no relacionamento pessoal, como brigas constantes com o parceiro, ou vivendo relações desgastantes com a família, amigos, colegas. Tudo isso clama por mudança.

É necessário mudar o hábito de sentir uma determinada emoção que desencadeia sentimentos e consequentes atitudes repetitivas.

Nós ficamos habituados a sentir a mesma emoção.

Normalmente nos conscientizamos de uma forma parcial ao justificarmos que compreendemos nossas emoções quando elas são despertadas. Um exemplo clássico é quando você vai assistir a um filme qualquer e depois de uma determinada ação recorrente de um personagem você se identifica com ele e passa a assumir aquela identidade sem se preocupar em reconhecer o porquê da similaridade emocional.

Criamos armadilhas para explicarmos a nós mesmos os hábitos insalubres emocionais.

É preciso buscar na estrutura dorsal a capacidade em renovar as suas emoções com o Universo, com todas as pessoas e com tudo que está diretamente ligado a você e ao seu entorno.

Se eu consigo identificar um personagem para disfarçar a minha real dor e se procuro sabotar a mim mesmo para que este personagem assuma a minha personalidade durante os momentos em que não consigo lidar com a realidade que mexe com as minhas emoções, eu acabo me habituando com isso. Como assim?

Mudo os personagens, adquiro novos disfarces e continuo enganando a mim mesmo e a todos que estão ao meu redor.

Percebe a importância em quebrar o ciclo dos hábitos emocionais insalubres? Todos nós precisamos querer mudar os hábitos que nos incomodam.

Milhares de dicas são encontradas na literatura para ajudar na construção de hábitos saudáveis. Todos falam sobre a necessidade de criar novos hábitos, então, por que você ainda não pratica hábitos salutares?

Eu posso responder a essa questão. Sei que você busca a mudança e a prática de hábitos mais saudáveis, sei que se empenha em mudar suas atitudes para conseguir obter sucesso, tanto na área pessoal como na profissional.

Então, por que não conseguiu, ainda?

Porque você precisa arquitetar suas emoções para poder criar hábitos emocionais salutares.

O que quero é que você aprenda esse mecanismo para que consiga, sempre que criar consciência da sua incapacidade em lidar com alguns sentimentos, possa reconstruir suas emoções para que depois consiga modificar as ações propriamente ditas, as suas atitudes.

Em *O Poder do Hábito*, Charles Duhigg apresenta a chave para se exercitar, perder peso, educar bem os filhos, ser produtivo e ter sucesso ensinando a compreender o funcionamento dos hábitos. Em seu livro, ele diz:

> Os pesquisadores descobriram que as deixas podem ser quase qualquer coisa, desde um estímulo visual, como um doce ou um comercial de tevê, até certo lugar, uma hora do dia, uma emoção, uma sequência de pensamentos, ou a companhia de pessoas específicas. As rotinas podem ser incrivelmente complexas ou fantasticamente simples (alguns hábitos, como aqueles relacionados a emoções, são medidos em milissegundos). As recompensas podem variar desde comida ou drogas que causam sensações físicas, até compensações emocionais, tais como os sentimentos de orgulho que acompanham os elogios ou as autocongratulações.

Alguns hábitos emocionais que podem ajudar na construção de sentimentos positivos são:
- Sentir gratidão;
- Pensar antes de agir;
- Ouvir mais;
- Cuidar das palavras;
- Desenvolver compaixão e empatia;
- Praticar o perdão;
- Meditar e/ou orar;
- Respeitar o próximo;
- Trabalhar a gentileza;
- Desenvolver paciência;
- Amar a si mesmo.

> **PATRÍCIA** é uma mulher casada, de 37 anos, que tem um hábito de comportamento que a deixa muito insatisfeita: sempre que ela chega ao trabalho, busca um café para segurar na mão enquanto atravessa o saguão onde ficam os seus dois chefes.
>
> O escritório possui uma estrutura de coworking, onde as salas são abertas e as pessoas podem se comunicar umas com as outras sem sair de suas mesas.
>
> O fato é que ela se sentia exposta e vulnerável emocionalmente ao passar na frente dos chefes, na possibilidade de que um deles ou ambos pudessem abordá-la.
>
> Ela sentia uma enorme rejeição e, assim, procurava se relacionar com bastante distanciamento. Patrícia havia sofrido, num antigo emprego, um assédio psicológico do seu superior.
>
> Como não conseguiu lidar com os sentimentos que despertaram essa situação, ela achou que deveria se desligar da empresa em vez de enfrentar o problema de frente.
>
> Esse comportamento é definido por um sentimento de rejeição despertado pela emoção do nojo ou repúdio. Ela criou um hábito para se defender dessa situação, entrando, todas as manhãs, com uma xícara de café na mão para que pudesse se sentir mais segura.
>
> Assim que ela arquitetou essa emoção, começou a mudar suas atitudes e criou um hábito saudável: cumprimentar as pessoas que estavam em seu caminho até a sua mesa de trabalho.
>
> Ela incorporou uma postura saudável que foi responsável pela sua segurança com os seus colegas e superiores.

Qual hábito emocional tem prejudicado a sua vida e a sua saúde física e emocional, impedindo que você possa ter sucesso nos seus projetos?

Suas considerações: _____
_____
_____
_____
_____

**Observar
Refletir
Conscientizar
Ressignificar
Ativar
Produzir
Implementar**

> O maior problema com a comunicação
> é a ilusão de que ela foi alcançada.
>
> GEORGE BERNARD SHAW

SEXTO PASSO

Modelo Arquitetônico
Estilo de moradia ideal para abrigar a essência pessoal

Você chegou ao sexto passo! E isso significa que conseguiu trazer para o presente todas as questões emocionais necessárias para identificar onde encontra-se o seu maior aliado: você mesmo.

Você está preparado para provocar mudanças importantes em sua vida, ou simplesmente para reorganizar suas perspectivas.

Como mencionei anteriormente, ao finalizarmos a etapa do autoconhecimento, trazemos ao nível racional nossas atitudes e passamos a conhecer as emoções que nos desenvolvem interiormente e nos levam ao sucesso dos projetos pessoais.

Não existem mais motivos para esconder suas emoções, porque você já as enfrentou, as compreendeu e as trouxe para a racionalidade.

Partimos do pressuposto que a pessoa mais importante neste trabalho é você e ninguém mais. Aqui e agora, você vai deixar de lado qualquer julgamento para se libertar das comparações desnecessárias.

Essas comparações nos tornam escravos de conceitos e situações, dificultando a capacidade de discernir o que nos pertence e o que criamos para forjar aquilo que não queremos mais.

Como você vai agir nesse momento?

Leia o passo seis com calma e reflita sobre todas as possibilidades que existem para abrir o seu caminho a uma nova moradia emocional.

Fomente a ideia de que você é diferente, a partir de hoje. Você está assumindo o controle da sua vida e precisa estar seguro em suas premissas.

Você é o mais importante, você tomou a dianteira da sua vida, você é o comandante e o líder da sua história, você é tudo o que deseja ser e ter porque é capaz de modificar seus pensamentos e sentimentos para atrair uma vida próspera e feliz.

Agora responda:

- O que eu quero mudar?
- O que me incomoda?
- Quais atitudes deverão ser repensadas?
- Qual personagem quero assumir com consciência?
- Desarmei meu inimigo e sabotador?
- Estou pronto para reestruturar a minha vida?
- Estou seguro em recomeçar a viver plenamente?

Suas considerações: _____
_____
_____

Em uma única palavra, defina a sua nova emoção:
_____

O trabalho em equipe requer que você admita todos os arquitetos, para erguerem, juntos, o seu complexo pessoal, a sua residência emocional. Você vai precisar contratar todos os arquitetos para que eles construam uma vida cheia de prazer e satisfação.

Você é uma parte do todo. Não pode abandonar um elo seu, cada qual tem sua função e especialidade, e faz com que seu corpo trabalhe em equilíbrio e com 100% da sua capacidade intelectiva, motora e emocional.

Se você compreender como trabalhar com o seu inimigo funcional, perceberá que nada poderá impedi-lo de conquistar seus sonhos. Você poderá iniciar uma proposta nova de parcerias, buscando ajuda no seu EU para elaborar o seu projeto arquitetônico emocional com segurança e expertise.

Lembre-se: você não precisa mais subjugar sua capacidade de construção pessoal nem desmerecer seu potencial para atividades emocionais.

Precisamos entender que dificuldades emocionais são problemas da mesma ordem que os motores e os intelectivos. Ninguém é complicado demais porque questiona a própria vida e tenta fazer dela um lar pleno de conquistas e alegrias.

Valorize cada parte sua que compõe um conjunto próprio de características pessoais, aceitando e convivendo em harmonia com suas diferenças e crenças.

Agora você está apto a desconstruir as partes internas que não lhe preenchem e que não comportam mais seus novos objetivos de vida. Você pode e deve desmontar e modificar todas as estruturas pertencentes, caso pretenda remontá-las no intuito de aumentar a sua eficácia pessoal.

Deixe de lado as opiniões alheias, os julgamentos paralelos dos que estão ao seu redor para conseguir atingir seu maior objetivo: o de se aceitar exatamente como você é.

Você está se preparando para seguir em frente com segurança e destreza, apto para escolher o estilo de construção que mais o agrada e erguer sua nova moradia com sabedoria.

Para isso, precisa conhecer alguns estilos básicos de arquitetura que possam inspirar e ajudar você na organização da sua história, facilitando a sua vida de acordo com as suas necessidades.

Se você ainda não sabe como começar esse processo de construção, seguem alguns estilos básicos para que possa identificar o seu estilo de vida e iniciar o seu projeto de arquitetura emocional.

Arquitetura neoclássica – A construção clássica é mais usada por pessoas que possuem um estilo que nunca sai de moda. A opção é ideal para qualquer tipo de terreno, tamanho e quantidade de moradores.

Baseada na antiguidade grega e romana, uma das características da arquitetura clássica é a utilização da proporção e distribuição das paredes e cômodos, criando uma estrutura homogênea de pilares e colunas, importante traço para identificar imponência e fortaleza, colocando o morador numa posição elevada.

A construção neoclássica une a concepção do clássico com toques de contemporaneidade. Busca lógica na técnica construtiva e racional nos materiais funcionais.

Se você busca respeito e gosta de regras, essa construção emocional trará o conforto e a segurança necessários para que você possa definir os tipos de relação com os quais se propõe a viver.

Arquitetura industrial – Urbana em sua essência, é a expressividade dos jovens que buscam o seu próprio espaço na vida e na sociedade. Inspirados em galpões abandonados, eles se adaptaram a uma vida moderna e despojada de conceitos. São pessoas de atitude que procuram expressar o modo de vida urbana em seu cotidiano.

Com ambientes amplos, utiliza-se de materiais básicos da construção para refletir sua essência. Quem busca esse tipo de construção emocional gosta de viver na simplicidade e não carrega vestígios do passado. Cria sua própria história e determina seu posicionamento na adaptação de seus objetivos. Tem uma vida agitada e procura trazer elementos do seu trabalho à sua personalidade.

Arquitetura contemporânea – Uma construção determinada pela sofisticação e simplicidade, baseada nos avanços tecnológicos para facilitar os trabalhos diários, deixando espaço para direcionar os seus objetivos principais.

Minimalista, utiliza grandes vidraças, linhas retas, pé direito alto e cores claras para dar amplitude ao espaço. O estilo permite que você use da sua criatividade para dar seu toque pessoal ao projeto.

Se você se considera um sujeito sofisticado, que aprecia a arte na sua simplicidade concreta, encontra nessa construção um ambiente leve, agradável e tranquilo, para que possa se sentir acolhido e seguro de suas emoções. Procure buscar o que mais o agrada e crie harmonia em torno das suas expectativas.

Arquitetura rústica – A construção rústica procura oferecer simplicidade e tranquilidade aos seus moradores, criando o máximo de conforto para o seu lazer. É descontraída e acolhedora.

Com espaços imensos e grandes jardins, essa construção é ideal para aqueles que gostam de reunir a família e os amigos para desfrutar momentos descontraídos. Combina bastante com o clima de países tropicais. Uma das características desse estilo é o uso de terraços na fachada das construções.

Esse tipo de construção é perfeito para quem gosta de receber e agregar, proporciona espaço para relaxar e aproveitar o clima familiar. Você pode começar a reconstruir suas relações familiares, buscando conforto nesse convívio e procurando apreciar as ricas histórias que construíram juntos.

Suas considerações: _____
_____
_____
_____

Observar
Refletir
Conscientizar
Ressignificar
Ativar
Produzir
Implementar

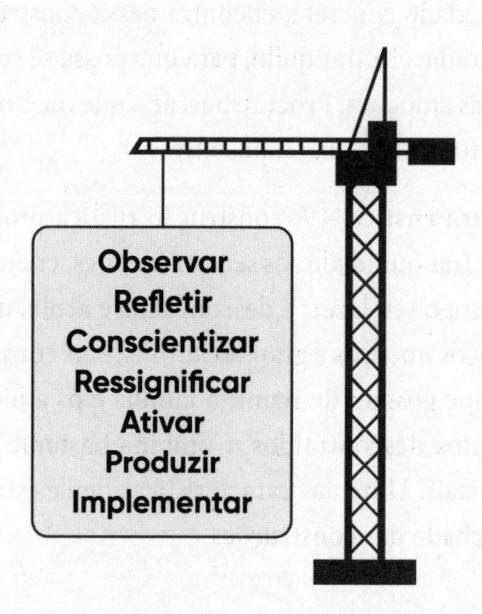

> **Suponho que me entender
> não é uma questão de inteligência
> e sim de sentir, de entrar em contato...
> ou toca, ou não toca.**
>
> **CLARICE LISPECTOR**

> A forma segue a função:
> isso tem sido mal interpretado.
> Deveriam ser um só,
> juntos em uma reunião espiritual.
>
> Eu conheço o preço do sucesso:
> dedicação, trabalho duro e uma
> incessante devoção às coisas
> que você quer ver acontecer.
>
> **FRANK LLOYD WRIGHT**

SÉTIMO PASSO

Diagrama de Blocos
Reconstruindo as emoções conscientes em um fluxograma

Neste capítulo iremos racionalizar as emoções para que você possa entendê-las de forma simples. Precisamos enxergar com clareza onde se encontram as falhas emocionais e onde é preciso interferir para que o seu novo projeto de vida tenha sucesso.

Vamos identificar os seus projetistas, as emoções que se encontram desajustadas, o papel que você busca atuar e qual o sabotador que não o deixa alcançar suas metas.

Primeira etapa: quais projetistas você precisa trabalhar mais em seu projeto arquitetônico?

Meus arquitetos: _____
_____
_____
_____

Depois de identificar sua característica principal, escolha três papéis que você consegue atuar com facilidade e que se enquadram no seu comportamento. Na segunda etapa, você deve escolher um principal e outros dois secundários.

Meus personagens:
_____
_____
_____
_____

Na terceira etapa, qual é a emoção primária que tem afastado você da realidade, que não tem sido trabalhada e o prejudica com sentimentos negativos? Procure fazer uma lista no espaço abaixo para que você possa visualizar melhor seu estado emocional recente.

Minhas emoções: _____
_____
_____
_____

Agora preciso que você identifique os motivos que está buscando para reconstruir suas emoções nesta quarta etapa.

Meus motivos: _____
_____
_____
_____

Quais sabotadores você reconhece que atrapalham seus projetos futuros, interferindo no planejamento e na execução de suas metas? Lembre-se que podemos fazer um mix de sabotadores para dificultar ainda mais a compreensão do real significado do nosso comportamento nesta quinta etapa.

Meus sabotadores: _____
_____
_____
_____

Agora você já consegue ter uma perspectiva mais clara de como tem se comportado perante o seu problema emocional.

Trazendo à consciência suas principais características pessoais, você começará o seu verdadeiro trabalho de arquitetura emocional.

Você está preparado para deixar seus personagens no passado e iniciar uma nova jornada, na qual a transparência da sua personalidade irá lhe ajudar a ser uma nova pessoa, íntegra com seus propósitos de vida?

Vamos relembrar na sexta etapa quais são os projetos de vida que você não conseguiu finalizar.

O que você quer para você? O que precisa para ser feliz e ter sucesso?

Meus projetos: _____
_____
_____
_____

Estou pronta para mostrar como você deve orientar o seu EU e obter uma vida repleta de felicidade e cheia de realização pessoal.

E você, está preparado?

Durante muito tempo venho utilizando, na minha vida prática, um mecanismo para me ajudar nas tomadas de decisões. Quando eu era adolescente, sempre entrava em conflito com as minhas emoções primárias.

Facilmente nos identificamos com símbolos e algarismos quando precisamos expressar nossos sentimentos e emoções.

Sabemos que uma figura pode falar mais do que centenas de palavras. Em qualquer processo de aprendizado, descobrimos que possuímos maior clareza ao nos expressar ou absorver o novo se este for representado com imagens, mais do que com palavras escritas.

Eu me lembro claramente do dia em que aprendi a fazer um diagrama de blocos. Estudei administração de empresas na Fundação Getúlio Vargas, nos anos 1980. E me interessei muito por Computação e Organização, Sistemas e Métodos.

Estávamos aprendendo uma linguagem de programação orientada para o processamento de banco de dados comerciais, conhecida como COBOL (Common Business Oriented Language), e precisávamos utilizar um diagrama de blocos para recriar as variáveis do programa.

Prontamente eu entendi que esse sistema serviria para resolver questões pessoais, principalmente quando eu me sentisse pressionada e perdida nas inúmeras possibilidades que a vida poderia me apresentar.

O diagrama de blocos, ou fluxograma, é uma forma lógica e padronizada de representar os diversos fluxos com o objetivo de facilitar a visualização dos passos de um determinado processamento, ou seja, para este nosso propósito, é uma representação esquemática do processo emocional.

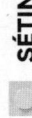

Ele é representado através de um conjunto de símbolos com significados específicos que sinalizam a intenção do algoritmo em cada etapa, criando, assim, uma espécie de planta baixa.

Para a construção de um fluxograma, utilizamos símbolos convencionais que são representados por desenhos geométricos básicos.

Por meio do desenvolvimento do raciocínio lógico, a ferramenta pode ser utilizada em diversas áreas do conhecimento humano, permitindo padronizar a representação dos métodos e dos procedimentos.

O fluxograma facilita a descrição dos métodos na leitura e no entendimento dos processos, ajuda a identificar rapidamente os aspectos mais importantes, oferecendo flexibilidade de análise e escolha de resultados no procedimento final.

Ele constitui uma representação gráfica que ilustra de forma descomplicada a sequência de execução dos elementos que o compõem. Podemos entendê-lo, na prática, como a documentação dos passos necessários para a execução de um processo qualquer.

Minhas considerações:
_____
_____
_____
_____
_____

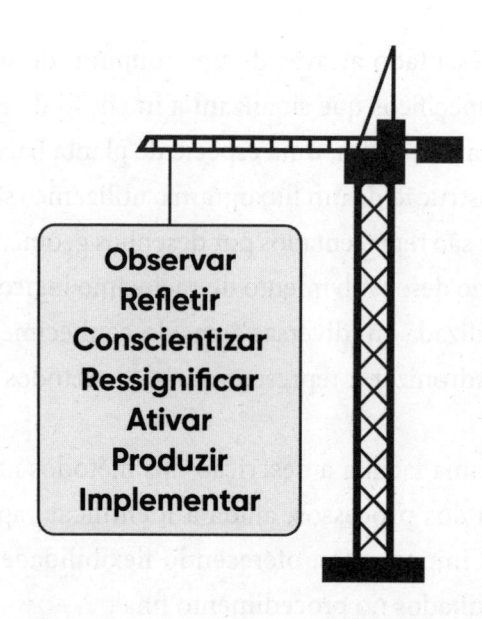

> Observar
> Refletir
> Conscientizar
> Ressignificar
> Ativar
> Produzir
> Implementar

Veja a seguir algumas formas simbólicas importantes para a sua tomada de decisão emocional, com o respectivo significado no fluxograma de processo.

Com esses símbolos você estará preparado para mapear processos e interpretar fluxogramas.

Para construir qualquer fluxo, basta colocar o símbolo de acordo com sua finalidade e também a descrição do fluxo dentro da imagem.

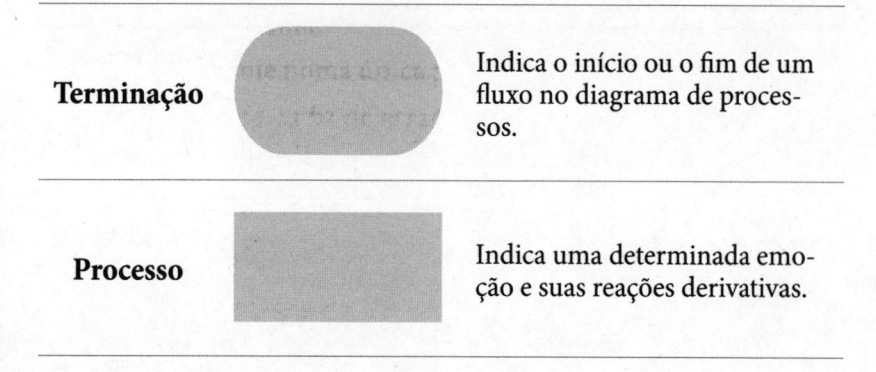

Terminação		Indica o início ou o fim de um fluxo no diagrama de processos.
Processo		Indica uma determinada emoção e suas reações derivativas.

Decisão		Mostra que uma decisão terá que ser tomada e que o fluxo emocional seguirá determinada direção em função dessa decisão.
Atraso		Representa que um tempo vai decorrer antes que o processo continue.
Dados de entrada e saída		Representa qualquer tido de dado que possa ajudar na solução do problema emocional.
Preparação		Mostra que algo deve ser feito, ajustado ou modificado no processo antes de prosseguir o trabalho arquitetônico.
Conector ou desvio		Indica que haverá uma emoção consciente nesse ponto
Ou		Indica que pode haver uma opção no processo de decisão.
Somador		Usado para indicar o "e" lógico na soma das emoções.

Vou exemplificar um modelo para que você consiga entender melhor como trabalhar com as suas emoções num fluxograma, especificando um determinado problema que precisa ser trabalhado.

Criaremos um algoritmo para cada emoção a fim de determinar todas as possibilidades de acertos e erros para a sétima etapa.

Como iniciar o Fluxograma

Responda as seguintes perguntas e inicie com o problema emocional presente.

1) Qual é a emoção que me impede de ter sucesso?
   _____

2) Reflita nas 7 palavras mágicas.
   _____

3) Qual arquiteto me falta para a realização do meu projeto?
   _____

4) De qual personagem eu me fantasio para encobrir o problema?
   _____

5) Qual é o sabotador que utilizo para prejudicar a solução do problema?
   _____

6) Qual é o tipo de arquitetura que eu quero habitar?
   _____

7) Qual é a ação necessária para implantar o processo?
   _____

   Resultado:
   _____

Exemplo:

```
        ┌─────────────┐
        │  OBSTÁCULO  │
        └──────┬──────┘
               ▼
        ❶ ┌─────────┐
          │ EMOÇÃO  │
          └────┬────┘
               ▼
            ╱─────╲
           ╱   7   ╲      NÃO      ❸ ┌──────────────┐
        ❷ ╲ PALAVRAS╱ ───────────────▶│  ARQUITETO   │
           ╲       ╱                  │  EMOCIONAL   │
            ╲─────╱                   └──────┬───────┘
               │                             ▼
              SIM                      ❹ ┌────────────┐
               │                         │ PERSONAGEM │
               │                         └─────┬──────┘
               │                               ▼
               │                        ❺ ┌────────────┐
               │                          │ SABOTADOR  │
               │                          └─────┬──────┘
               │                                ▼
               │                         ❻ ┌──────────────┐
               │                           │   MORADIA    │
               │                           │ ARQUITETÔNICA│
               │                           └──────┬───────┘
               ▼                                  │
        ❼ ┌─────────┐                             │
          │  AÇÃO   │ ◀───────────────────────────┘
          └────┬────┘
               ▼
        ┌──────────────┐
        │ IMPLANTAÇÃO  │
        └──────────────┘
```

SÉTIMO PASSO

Escreva suas respostas dentro do fluxograma abaixo:

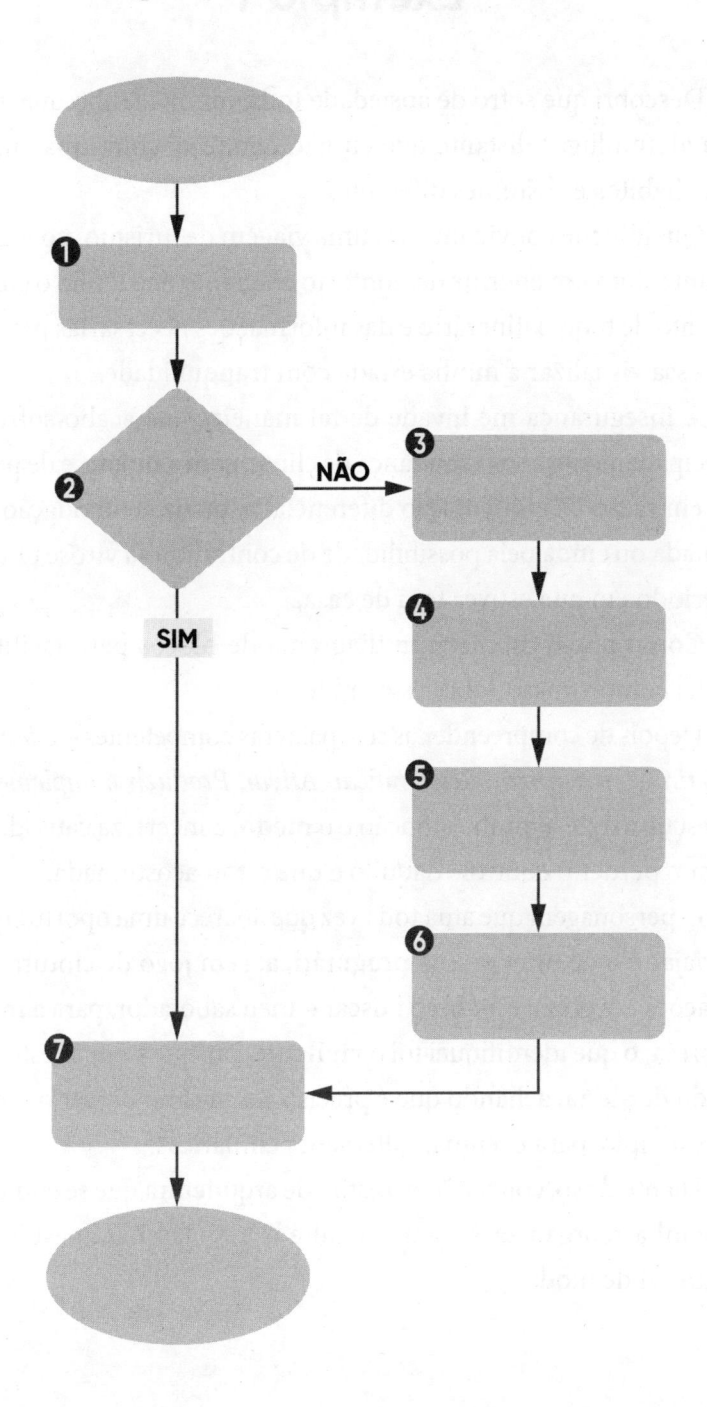

Exemplo 1

Descobri que sofro de ansiedade toda vez que tenho que viajar para algum lugar distante que eu não conheço, com uma cultura nova, hábitos e costumes diferentes.

Quando me convidam para uma viagem de turismo, no mesmo instante sinto um enorme desconforto enquanto não tenho o conhecimento de todo o itinerário e das informações necessárias para que eu possa visualizar a minha estada com tranquilidade.

A insegurança me invade de tal maneira que acabo sofrendo antecipadamente com a mudança de clima, com a hipótese de passar mal em razão da alimentação diferenciada, ou da acomodação inadequada ou ainda pela possibilidade de contrair uma virose durante o período em que estiver fora de casa.

Como posso montar um diagrama de blocos para facilitar a minha compreensão sobre essa emoção?

Depois de compreender as sete palavras competentes – *Observar, Refletir, Conscientizar, Ressignificar, Ativar, Produzir e Implementar* –, descubro que a minha emoção é o **medo**, a incerteza causada por viajar e perder o controle daquilo a que estou acostumada.

O personagem que atua toda vez que aparece uma oportunidade de viajar é o de uma pessoa **pragmática**, sem jogo de cintura para situações adversas. Então, ao buscar o meu sabotador, para a minha surpresa, o que identifiquei foi o **vigilante**, porque sempre estou em estado de alerta, achando que é preciso até mesmo prever o tempo, por exemplo, para eventuais alterações climáticas.

Diante disso, concluí que o estilo de arquitetura que se enquadra na minha reorganização emocional é o **neoclássico**, o estilo que nunca sai de moda.

Percebendo como a emoção do medo pode controlar os meus sentimentos de maneira negativa, despedi o sabotador e resolvi administrar a minha vida sem tanta cautela, procurando viajar para lugares mais tranquilos e acolhedores, que não me causassem estresse. Percebi ainda que não gostava de viajar para lugares diferentes porque, quando criança, toda vez que precisava mudar de escola, por necessidade ou decisão dos meus pais, eu sofria muito para me adaptar.

Resolvendo o Fluxograma
Consigo viajar?

1) A emoção é de **antecipação** porque sofre de ansiedade.

2) Reflexão das sete palavras mágicas: **Observar, Refletir, Conscientizar, Ressignificar, Ativar, Produzir** e **Implantar**.

3) O arquiteto necessário para resolver esta questão é o da **fundação**, porque precisa descobrir qual trauma sofreu na infância que a impede de viajar com tranquilidade.

4) O personagem é o **pragmático**, sem opções para buscar um novo plano de viagem.

5) O sabotador é o **vigilante** que não o deixa relaxar.

6) Sua moradia é o **neoclássico**, podendo viajar aos modos mais tradicionais.

7) A solução é adaptação de uma viagem mais curta.

Ela finaliza com o novo plano de viagem.

Fluxograma
Consigo viajar?

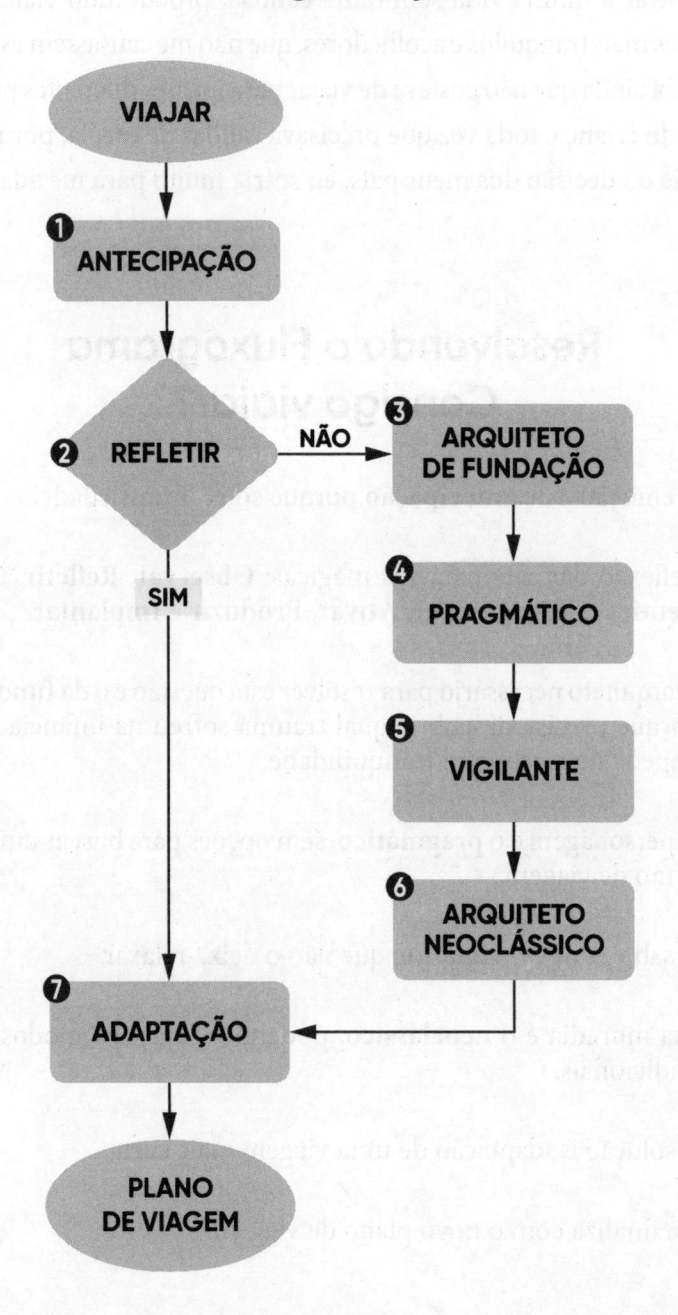

- VIAJAR
- ❶ ANTECIPAÇÃO
- ❷ REFLETIR
  - NÃO → ❸ ARQUITETO DE FUNDAÇÃO
  - SIM ↓
- ❹ PRAGMÁTICO
- ❺ VIGILANTE
- ❻ ARQUITETO NEOCLÁSSICO
- ❼ ADAPTAÇÃO
- PLANO DE VIAGEM

SÉTIMO PASSO

Exemplo 2

Minha mãe é uma mulher muito culta e interessante, sempre estudou os sistemas humanos e ultimamente vem me procurando para conversar sobre as minhas perspectivas amorosas.

Ela insiste em dialogar, e eu nunca tenho tempo. Essa situação está começando a criar um clima ruim entre nós e quanto mais percebo a aproximação dela, mais eu me distancio.

Que sentimento eu desperto que incapacita a minha disponibilidade para conversarmos?

Veja bem, o primeiro passo é identificar a emoção. Aqui enxergo claramente um sentimento de impaciência ocasionado pela emoção de **inquietação**.

A questão é: Por que não quero ter esse tipo de conversa? Percebo que eu não quero escutar a verdade, a resposta que já sei e que não quero encarar. Eu não quero me casar e preciso tomar uma decisão importante na minha vida.

Ao lembrar das sete palavras – *Observar, Refletir, Conscientizar, Ressignificar, Ativar, Produzir e Implementar* –, vejo que preciso continuar buscando conteúdo para justificar as minhas atitudes.

O personagem que eu assumi durante esse tempo foi o do **energético**: sempre sem tempo para qualquer pausa, passo o dia acelerada com milhões de atividades e, quando chega à noite, desmaio na cama de cansaço.

Busco na lista de sabotadores e percebo que me torno **vítima**, ou seja, sempre que minha mãe chega para conversarmos, já saio dizendo que "eu sou sempre um problema", e começo a repetir frases feitas, como essa!

Agora que entendi minha postura, decidi que quero reconstruir a minha segurança e para isso, escolhi o estilo **contemporâneo**, com o qual posso viver em harmonia com as diversas características individuais de cada um porque não representa um estilo definitivo. Se ele remete a um modo de vida em que tudo é mais atual e recente, posso tomar a decisão de viver junto com o meu noivo, sem precisar assumir uma estrutura mais tradicional de casamento.

Para finalizar, vejo que posso conversar com a minha mãe tranquilamente, escutá-la com paciência e, por fim, contar sobre a minha decisão.

Na realidade, a postura da minha mãe sempre provocou um sentimento de crítica, como se eu não estivesse nunca fazendo a coisa certa. Agora, livre dessa emoção, eu me sinto mais acolhida pela família e, principalmente, por ela.

Resolvendo o Fluxograma
Consigo escutar?

1) A emoção é a **inquietação**, pela falta de paciência para realizar uma conversa importante.

2) Reflexão das sete palavras mágicas: **Observar, Refletir, Conscientizar, Ressignificar, Ativar, Produzir** e **Implantar**.

3) O arquiteto ausente é o **luminotécnico**, para iluminar o que está escondido, o desconforto da conversa.

4) O personagem é o **energético**, que cria condições para que nunca exista tempo para dialogar, se vestindo de inúmeras atividades.

5) O sabotador é a **vítima** que prejudica ouvir negativas, julgamentos, ou diálogos.

6) O estilo arquitetônico é o **contemporâneo**, para valorizar a simplicidade nas relações familiares.

7) A solução do problema é permitir a escuta no dialogo com a mãe.

Ela finaliza com o diálogo simples e de qualidade.

Fluxograma
Consigo escutar?

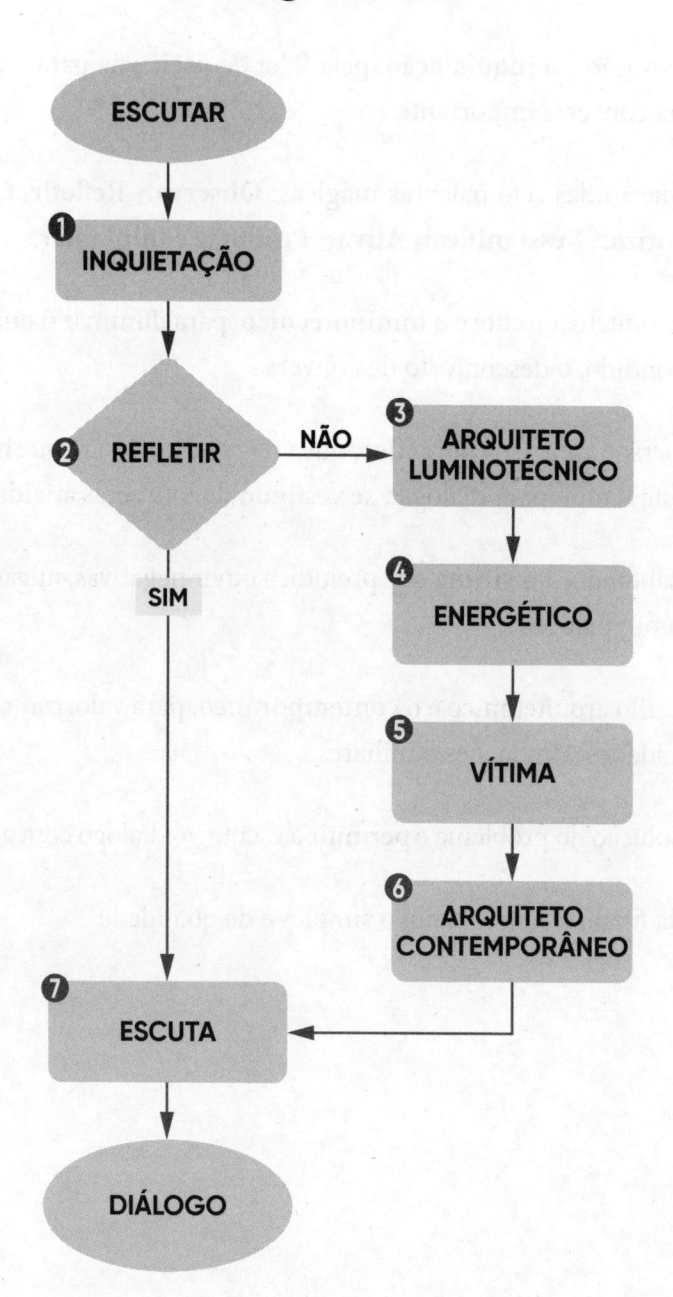

- ESCUTAR
- ❶ INQUIETAÇÃO
- ❷ REFLETIR
  - NÃO → ❸ ARQUITETO LUMINOTÉCNICO
  - SIM ↓
- ❹ ENERGÉTICO
- ❺ VÍTIMA
- ❻ ARQUITETO CONTEMPORÂNEO
- ❼ ESCUTA
- DIÁLOGO

LISTA DE EMOÇÕES

A lista de emoções é imensa, basta você começar a escrevê-las para que possa se lembrar da quantidade de sentimentos desenvolvidos durante a sua vida. Assim você conseguirá trabalhar com mais segurança o seu diagrama de blocos.

Abalo, abatimento, aceitação, adaptação, adoração, afeição, afetividade, afirmação, agitação, agonia, agressividade, ajustamento, alegria, alienação, amargura, ambição, angústia, ânimo, ansiedade, antipatia, apatia, apego, apoio, apreensão, ardor, arrependimento, arrogância, atenção, atração, ausência, autismo, autoritarismo, avareza, aversão, avidez.

Beleza, boa intenção, bom humor, bondade, bravura, brilhantismo, brio, bondade.

Cólera, comoção, compadecimento, compaixão, companheirismo, complacência, competitividade, compreensão, comprometimento, compulsão, concentração, conciliação, confiança, conflito, conformismo, confusão, congruência, consciência, consequência, consolação, constrangimento, contentamento, convicção, coragem, cordialidade, covardia, credulidade, crença, criatividade, culpa, cumplicidade, curiosidade, curtição.

Decepção, decisão, delicadeza, dengo, dependência, depressão, derrota, desafeição, desamparo, desânimo, desajeitamento, desapego, desapontamento, desconfiança, desconsolo, descontração, descrença, desejo, desencanto, desesperança, desespero, desestruturação, desgaste, desgosto, desgraça, desilusão, desinibição, desintegração, desinteresse, desligamento, deslumbramento, desonestidade, desorientação, desprazer, desprezo, desrespeito, desunião, determinação, devaneio, dignidade, dilema, diletantismo, discórdia, discriminação, dispersão, disponibilidade, disposição, dissimulação, distanciamento, divagação, divisão, dó, docilidade, dominação, dor, dúvida.

Engano, energia, engrandecimento, entusiasmo, equilíbrio, erroneidade, efusão, egoísmo, embaraço, educação, emburramento, empatia, empolgação, encaixe, encantamento, esgotamento, espanto, esperança, espiritualidade, espirituosidade, estabilidade, estarrecimento, estresse, estruturação, estupor, euforia, exaustão, expectativa, explosão, êxtase.

Falsidade, familiaridade, fanatismo, fascínio, fé, felicidade, ferocidade, fidelidade, fingimento, flacidez, flexibilidade, força, fracasso, fragmentação, franqueza, fraqueza, frieza, frivolidade, frustração, fuga.

Gentileza, graça, gratidão, gula.

Harmonia, hipocrisia, histeria, honestidade, honra, horror, hostilidade, humanidade, humilhação.

Idealismo, igualdade, iluminação, ilusão, imparcialidade, imperfeição, incapacidade, incoerência, incongruência, incompatibilidade, incompreensão, inconsciência, inconsequência, inconstância, incredulidade, indecisão, independência, indiferença, inércia, inferioridade, infidelidade, ingenuidade, ingratidão, inibição, iniciativa, injustiça, inocência, inquietação, insatisfação, insegurança, insensatez, insensibilidade, instabilidade, integração, integridade, inteligência, interesse, intimidade, intranquilidade, intrepidez, intrometimento, inveja, ira, irritação, isolamento.

Júbilo, jocosidade, justiça.

Lástima, leveza, liberdade, libertinagem, liderança, loucura, luto, luxúria.

Maldade, mágoa, maldade, mal humor, malignidade, maravilhar-se, masoquismo, medo, meiguice, melancolia, mistério, morte.

Necessidade, negativismo, negligência, nojo.

Obsessão, obediência, obstinação, objetividade, obliteração, observação, ódio, orgulho, otimismo, ousadia.

Paciência, paixão, pânico, paralisia, passividade, pavor, paz, pedantismo, pena, perceptividade, perda, perdão, perfeição, persistência, perseverança, perturbação, perversidade, pessimismo, piedade, placidez, positivismo, possessão, prazer, preconceito, preguiça, preocupação, pressa, prestatividade, proatividade, prosperidade, prudência, pudor.

Quietude, querer.

Raiva, rancor, realização, rebeldia, receptividade, rejeição, remorso, renúncia, repelência, repugnância, reserva, resiliência, respeito, responsabilidade, ressentimento, revanchismo, revide, revolta, rigidez.

Sabedoria, sadismo, safadeza, sagacidade, sarcasmo, satisfação, saturação, saudosismo, segurança, sensatez, sensibilidade, sensualidade, separação, serenidade, servidão, simpatia, sinergia, sofrimento, solidariedade, solidão, sonho, sossego, suavidade, subserviência, sufoco, superioridade, surpresa.

Tédio, teimosia, temor, tenacidade, ternura, terror, tesão, timidez, tolerância, tranquilidade, tristeza.

União, unificação, urgência.

Vaidade, valentia, vergonha, vibração, vigor, vingança, virtuosidade, vitimação, vitória, vivacidade, volúpia, vontade, vulnerabilidade.

> **O pensamento é o ensaio da ação.**
>
> SIGMUND FREUD

> **Quem olha para fora sonha,
> quem olha para dentro desperta.**
>
> CARL JUNG

CURIOSIDADES SOBRE O NÚMERO SETE

Recebemos diversas influências da cultura e do meio em que vivemos, que ajudam na construção das nossas crenças pessoais, interferindo diretamente no percurso da vida de cada um.

Sou uma pessoa espiritualista, sempre me interessei por teologia, esoterismo, astrologia, numerologia, psicologia e outros assuntos relacionados ao estado emocional e espiritual das pessoas.

Como sou uma ariana genuína e represento muito bem as minhas ideias e projetos, sinto necessidade de responder a todo e qualquer questionamento. Nasci questionando tudo, e hoje, questiono em uma forma geométrica absurda! Por isso, sempre me pergunto: Por que o número 7 sempre me acompanha?

Partindo do princípio que você também se interessou em saber o porquê do número 7 nos passos para arquitetar as emoções, seguem algumas explicações básicas que poderão responder a isso.

Eu sempre me identifiquei com o número 7, acredito que ele carrega uma energia poderosa equilibradora.

Pesquisei muito e fui buscar alguns estudos empíricos e históricos para responder e justificar a escolha deste número.

Assim, divido com você, meu caro leitor, algumas curiosidades sobre o poderoso número 7.

Pitágoras, grande filósofo da Grécia Antiga, afirmou: "A Evolução é a lei da Vida, o Número é a lei do Universo, a Unidade é a lei de Deus".

Na numerologia pitagórica, o 7 vem cheio de significados, sabedoria, reflexão, meditação, paz interior, entre outros. Ele é considerado o grande número da espiritualidade.

Sete é o número da perfeição, um número primo que simboliza a totalidade do Universo em transformação.

Helena Blavatsky, fundadora do movimento teosófico moderno, em seu texto publicado em junho de 1880, "The Number Seven", já afirmava sobre a importância misteriosa deste número na manifestação harmoniosa numérica e sua relação com a natureza. Veja os diversos significados dos números na antiguidade.

Toda civilização que estudava filosofia e astrologia percebia a enorme importância dos números na realização de suas práticas religiosas, nos dias de festividades, símbolos, dogmas e até na distribuição geográfica de seus impérios.

O número 7 era considerado sagrado não somente nas culturas do Oriente, mas também no Ocidente, uma vez que podemos encontrar diversos ensaios sobre o assunto.

A origem astronômica do número 7 é confirmada ainda nos tempos de hoje. O homem sente, desde os tempos imemoriais, que depende das forças celestes para sobreviver.

Assim, o mais iluminado Corpo Celeste tornou-se para o homem o poder mais importante e mais elevado; e eram 7 os planetas que a antiguidade contou.

Veja esta lista de curiosidades com o número 7:

Na Bíblia Católica:

- 7 virtudes: Caridade, Esperança, Fé, Força, Justiça, Prudência e Temperança.

- 7 pecados capitais: Avareza, Gula, Inveja, Ira, Luxúria, Preguiça e Soberba.
- 7 sacramentos da Igreja Católica: Batismo, Confirmação, Eucaristia, Matrimônio, Ordem de Penitência e Unção dos Enfermos.
- 7 arcanjos: Ezequiel, Gabriel, Jofiel, Miguel, Rafael, Samuel e Uriel.
- 7 dons do Espírito Santo: Ciência, Conselho, Entendimento, Força, Piedade, Sabedoria e Temor a Deus.
- 7 dias para a criação do mundo (incluindo o dia do descanso).
- 7 dias Noé esperou dentro da arca até caírem as primeiras gotas de chuva.
- 7 anos de fome ocorreram no Egito no tempo de José.
- 7 dias foram rodeadas as muralhas de Jericó.
- 7 Igrejas, 7 Cartas, 7 Candeeiros, 7 Estrelas, 7 Anjos, 7 Trovões, 7 Tochas, 7 Espíritos, 7 Selos, 7 Trombetas e 7 Pragas são descritos no livro do Apocalipse.

O número 7 é mencionado 323 vezes na Bíblia Católica.

Em geral:

- 7 dias da semana.
- 7 notas musicais divididas em 7 escalas, 7 pausas e 7 valores. Dó, Ré, Mi, Fá, Sol, Lá, Si.
- 7 cores do arco-íris. Vermelho, laranja, amarelo, azul, verde, anil e violeta.
- 7 braços no candelabro judaico, Menorah.
- 7 glândulas endócrinas nos seres humanos: Hipófise, Pâncreas, Paratireoides, Sexuais, Suprarrenais, Timo e Tireoide.

- 7 chacras: Básico, Cardíaco, Coronário, Esplênico, Frontal, Laríngeo e Umbilical.
- 7 Leis Universais: Amor, Correspondência, Evolução, Harmonia, Manifestação, Natureza e Polaridade.
- 7 dias entre cada fase da lua.
- 7 grandes mensageiros no mundo: Buda, Confúcio, Jesus, Krishna, Lao-Tsé, Moisés, Zoroastro (Zaratustra).
- 7 Maravilhas Arquitetônicas do Mundo Antigo: Pirâmide de Gazé, Jardins Suspensos da Babilônia, Farol de Alexandria, Colosso de Rodes, Mausoléu de Halicarnasso, Estátua de Zeus em Olímpia e Templo de Ártemis, em Éfeso.
- 7 Maravilhas do Mundo: Machu Picchu, Taj Mahal, Chichén Itzá, Grande Muralha da China, Ruínas de Petra, Coliseu de Roma e Cristo Redentor.
- 7 mares: Mediterrâneo, Adriático, Negro, Vermelho, Arábico, Pérsico, Cáspio.
- 7 montanhas sagradas: Monte Olimpo, Monte Nebo, Monte Fuji, Monte Kailash, Monte Sinai, Song Shang, Montanha Croagh Patrick.
- 7 artes livres na Idade Média: Gramática, Retórica, Dialética, Aritmética, Geometria, Música e Astronomia.
- 7 principais rios no Oriente Antigo: Nilo, Tigre, Eufrates, Oxus, Yaksart, Arax e Indo.

Recebemos diversas influências que nos ajudam na construção de crenças pessoais, e interferem diretamente no percurso da nossa vida.

BIBLIOGRAFIA

BATTERSON, Mark. *Soulprint: discovering your divine destiny*, Ed. Multnomah, 2011.

CAMERON-BANDLER, Leslie; Lebeau, Michael. *O refém emocional: resgate sua vida afetiva*, Summus Ed., 1993.

CHABOCHE, François-Xavier. *Vida e mistério dos números*, Hemus, 1979.

CHAMINE, Shirzad. *Inteligência positiva*, Ed. Fontanar, 2013.

COELHO NETTO, José Teixeira. *A construção do sentido na arquitetura*, Ed. Perspectiva, 2012.

DANTZIG, Tobias. *Número: a linguagem da ciência*, Zahar Editores, 1970.

DAVIS, M., & LANG, P. J. Emotion. In M. Gallagher & R. J. Nelson (Eds.), *Handbook of psychology*, V. 3. Biological psychology. New Jersey: John Wiley & Sons, 2003.

DUHIGG, Charles. *O poder do hábito*. Ed. Objetiva, 2012.

FERNANDES, Márcia. *Vida emocional do feto*, publicado em 29 de novembro de 2015.

FRIJDA, N. H. The psychologists' point of view. In M. Lewis, J. M. Haviland-Jones, & L. F. Barrett (Eds.), *Handbook of emotions* (pp. 68-87). Nova York:
Guilford, 2008.

GASTAUD, Marina B. *Psiquismo fetal – A teoria de Arnaldo Rascovsky sobre os núcleos arcaicos do ego*, 2005-2007.

GOMES, A. G., & PICCININI, C. *A Contemporâneo: Psicanálise e Transdisciplinaridade*, 5, 9-28, 2005.

HITCHCOCK, Helyn. *A magia dos números ao seu alcance*, Pensamento, 1993.

JONES, Denna. *Tudo Sobre Arquitetura*, Ed. Sextante, 2015.

JUNG. C.G. *Memórias, Sonhos, Reflexões*, Ed. Nova Fronteira, 2001.

NEUFERT, Ernst. *Arte de projetar em Arquitetura*, Editora GG, **2013**.

OSHO. *Torne-se quem você é*. Trad. Lauro Henriques Jr., Ed. Alaúde, 2017.

PLUTCHIK, Robert. *Emotions and life: perspectives from psychology, biology, and evolution*, Amer Psychological Assn, 2002.

QUAYLE, J. Emoções compartilhadas. *Revista Mente e Cérebro*, 1(3), 34-41, 2011.

SEYMOUR, John & O'CONNOR, Joseph. *Introdução a programação neurolinguística: como entender e influenciar as pessoas*, Summus Editorial, 1995.

VARLEY, Desmond. *Sete: o número da Criação*, Edições 70, Lisboa, 1976.

VISCOTT, David. *A linguagem dos sentimentos*. Ed. Summus, 1982.

ZABALBEASCOA, Anatxu. *Tudo Sobre a Casa*, Editora GG, 2012.

COLABORADORAS

Zilda Maria de Paula Machado

Coautora do livro *Perder e Encontrar Luto e Saudade na Psicologia Analítica*, publicado pela Editora Appris, em 2012. Psicóloga, Analista Junguiana, membro da International Association of Analytical Psychology IAAP, membro da Associação Junguiana do Brasil AJB, diretora de ensino do Instituto Junguiano de São Paulo – IJUSP, membro da International Society for Sandplay Therapy ISST e fundadora e diretora de ensino do Instituto Brasileiro de Terapia de Sandplay – IBTSANDPLAY.

Mara Chap Chap

Com estilo elegante, detalhista e contemporâneo, a arquiteta Mara Chap Chap, formada em Arquitetura e Urbanismo pela Universidade Presbiteriana Mackenzie em 1985, comanda desde 2008 o escritório que leva seu nome. Quando recém-formada, fundou com duas amigas o escritório Landscape Arquitetura de Interiores, onde durante 23 anos participou de projetos comerciais, corporativos, residenciais e mostras de decoração. Bem-estar, qualidade de vida e sofisticação compõem o partido principal para executar seus projetos, sejam eles comerciais, corporativos ou residenciais. A arquiteta se destaca em criar ambientes atemporais. Elementos naturais, como a madeira e suas derivações, estão sempre presentes em seus projetos que, em sua maioria, contam com tons neutros. Os projetos são realizados de forma personalizada e cuidadosa e os clientes são atendidos pessoalmente pela arquiteta. Uma das suas principais características é o respeito pela personalidade e pelos desejos de seus clientes. A metodologia de trabalho e o planejamento estratégico se encarregam para que tudo seja entregue conforme os prazos estabelecidos entre o escritório e o cliente. O bom gosto alinhado à técnica, função e forma e a relação após a entrega da obra são o diferencial do escritório.

Denise Menegon Castrucci

Arquiteta formada pela Faculdade de Arquitetura e Urbanismo da USP, atuou em diversos segmentos, inicialmente com comunicação visual e arquitetura na Link Tecnologia Ltda. Depois, como sócia e diretora administrativa da DRC Informação e Tecnologia Ltda., editora especializada em informática e pesquisa de mercado no setor. De 1999 a 2009, foi diretora técnica do Departamento da Secretaria de Estado da Saúde de São Paulo, responsável pelo planejamento de equipamentos médico-hospitalares e mobiliários dos novos hospitais e das reformas nas unidades existentes no Estado, incluindo centrais de laudos. De 2009 a 2015, foi consultora da NP Consulting Ltda., atendendo à Secretaria de Saúde de diversos estados (MG, CE, ES, GO) na área de planejamento de equipamentos de saúde, e ao IFC – International Finance Corporation e BNDES – Banco Nacional de Desenvolvimento, na definição e estruturação de um projeto baseado no modelo de Parceria Público Privada (PPP), para gerenciar de forma integrada os serviços de diagnóstico por imagem e de telemedicina dos hospitais do Governo do Estado da Bahia. Desde 1999, é sócia e gerente administrativa e de marketing da APC Indústria e Comércio Ltda. (Guartecs), empresa especializada em cercas removíveis para segurança de crianças em piscinas.

SOBRE A AUTORA

Formada em Administração de Empresas pela Fundação Getúlio Vargas (FGV) em 1987, pós-graduada pela Faculdade Armando Alvares Penteado (FAAP) em Crítica de Cinema em 2005 e formada pelo Instituto Sistemas Humanos em Terapia Familiar e de Casais em 2021.

Foi sócia-gerente na Indústria Alimentícia "Slim Produtos Dietéticos", posterior "Línea Nutrição e Ciência".

Em 2009 associou-se ao músico e diretor artístico Marcelo Gama para fundar o "Instituto Gama de Arte", profissionalizando jovens artistas nas áreas de canto, dança e música, em parcerias com Áustria e Alemanha.

Escrever é seu hobby desde a infância.

Aproveitou suas experiências vividas para escrever os livros *Você me viu por aí? A busca da identidade depois do câncer* em 2013 e *Alice voltou pra casa*, em 2018.

Coautora do livro *85 Ideias que você não sabe para mudar a sua vida*, organizado por Adriana de Araújo em 2017.

Em 2015 fundou o "Instituto BeColor – Colorindo a Vida", com o propósito de incrementar a qualidade de vida dos pacientes oncológicos, desenvolvendo projetos de superação, autoestima e prevenção nas cidades brasileiras.

Durante a pandemia, em 2020 criou o grupo "Na Sala Com Elas" com sua amiga e parceira, Kika Guillaumon. Os encontros virtuais oferecem ferramentas para o autoconhecimento e espaço para compartilhar as experiências de vida.

Viajou o mundo através da arte e do esporte, suas grandes paixões, acompanhando os filhos esportistas e jovens artistas, enriquecendo seu conhecimento sobre as relações humanas.

Como empresária, escritora, terapeuta, mulher e mãe, aliadas aos entraves emocionais e físicos, desenvolveu uma metodologia para trabalhar as emoções, possibilitando o autoconhecimento e autoajuda na realização dos projetos pessoais para uma vida plena e feliz. Em 2019 desenvolveu o projeto "Arquitetura Emocional (AE)".

Ministra palestras empresariais e cursos para promover a metodologia, formando facilitadores da Arquitetura Emocional e trabalhando as emoções com grupos de pessoas que buscam crescimento pessoal.

Contato com a autora
(11) 97530-3000 • cristiana@bepink.art.br

OUTRAS OBRAS DA AUTORA

Você me viu por aí?
A busca da identidade depois do câncer

Só quem viveu as consequências de descobrir o diagnóstico de câncer de mama pode falar com autoridade sobre essa doença que pode atingir qualquer mulher, sem olhar a quem. Em *Você me viu por aí? — A busca da identidade depois do câncer*, Cristiana A. Castrucci fala exatamente sobre essas sensações. Diagnosticada com câncer de mama em 2011, ela sofreu as nuances de humor e crises de identidade características de quem passa por um tratamento de cura e chega a difícil etapa de ter que retirar parte do seio como única solução.

O projeto do livro nasceu com a proposta de servir como conforto para outras pessoas que vivenciam as mesmas situações e principalmente para esclarecer a quem ainda está sem diagnóstico o quão importante é fazer exames preventivos de rotina.

Como diz a autora, "A coisa toda é muito rápida, tanto que, quando você se depara com você *mesma, já está no meio de um caminho, acordando de um pesadelo e não sabe nem por onde tudo começou. São tantas as opções que, em vez de buscarmos uma solução, nos perdemos ainda mais, nos perdemos no meio de tantas opiniões, de tentativas, de acasos, de trapaças, de enganos, de promessas e de esperanças".*

Esse é um relato verdadeiro e sincero de uma mulher que reinventou sua feminilidade e a maneira de enxergar os próximos passos. No meio do caminho ela encontrou outras dez companheiras de jornada, que colaboram com depoimentos emocionantes. Diferentes perfis, idades, profissões e histórias... Cada uma a sua maneira, elas contam como foi o tratamento, a descoberta do câncer e a redescoberta da vida.

Além da capa dura, conceito de livro de arte e um projeto visual minuciosamente trabalhado pela Editora Prata, colaborou para o projeto a fotógrafa Maristela Acquaviva, que com uma bagagem de anos de experiência conseguiu captar de maneira artística o rosto, a linguagem corporal e a alma de cada uma das mulheres que contam suas histórias neste livro. Entre um relato e outro, o leitor vai encontrar ainda poemas-colagem feitos por Luisa Maria Altilio, que também colabora com seu relato.

Colaboraram para o livro:
Alessandra Denadai Vitali Blum
Claudia Biasetton
Luisa Maria Altilio
Maria Clara Marrey
Maria Cristina Tedeschi
Marina Penteado Ferreira
Marina Romiti Kfouri
Mônica Acquaviva
Renata Klein
Sandra Prates Nogueira

Alice voltou pra casa

Alice voltou pra casa é o segundo livro de Cristiana Castrucci que indica o autoconhecimento como superação.

Quando criança, Cristiana Castrucci sonhava ser Alice, personagem de Lewis Carroll, que durante o sono descobriu um novo mundo — pelo menos era nisso que a pequena Cris acreditava.

Ela recorreu à personagem do livro *Alice no País das Maravilhas* para levá-la de volta à infância, ajudando-a a resgatar a sua consciência, que se encontrava em conflito durante um período de vida delicado, quando Cris enfrentou mais uma batalha contra um câncer de mama, além de um divórcio.

Na narrativa, Cris utiliza a metáfora apresentada no conto de Carroll para mostrar que olhar para dentro de si, sem medos, pode ser a chave para a superação. Existe vida pós-doença. Existe vida pós-divórcio. Existe vida pós-luto. E ela é bonita, basta saber olhar para ela.

No livro, a autora narra sua incrível viagem pelo Mundo Encantado, onde a realidade e a fantasia se misturam num contexto criativo para trazer ao presente valores, sabores, cores e lembranças – inventividade que pode servir de ferramenta para ajudar na superação dos problemas que impedem as pessoas de prosseguirem na vida, de conquistarem novos horizontes e perspectivas.

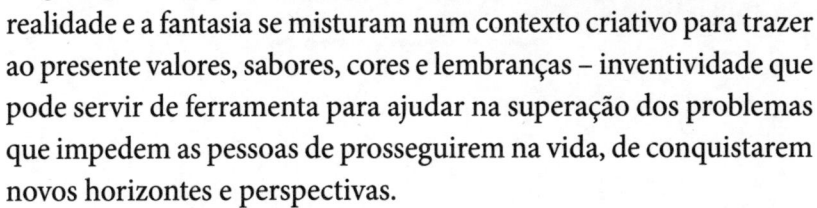

A cada capítulo, Cristiana nos ensina que saber se observar pode ser a arma mais poderosa para ressignificar a vida.

A obra conta com a participação do artista gráfico Paulo Caruso.

Entenda seus medos, mas jamais deixe que eles sufoquem seus sonhos.
(Lewis Carroll)

> ESCREVEREI COM UM CORISCO
> O FOGO DAS EMOÇÕES AS VERDADES DE HOJE
> PARA NÃO SEREM SEGREDOS DE AMANHÃ
>
> MIRIAM ALVES

SUAS CONCLUSÕES

Arquitetura Emocional

A **Arquitetura Emocional** é uma metodologia simples, desenvolvida em sete passos, para facilitar a ressignificação das emoções, reconstruindo conscientemente o equilíbrio necessário para alcançar o sucesso pessoal. Você vai ressignificar as suas emoções e iniciar uma nova fase na vida, com mais recompensas, tranquila e próspera.

Passo a passo, você vai racionalizar as emoções que limitam o crescimento pessoal, profissional e a sua própria felicidade.

Muitas pessoas tem como fator limitante para suas atividades profissionais e pessoais, a incapacidade, em maior ou menor grau, de gerir adequadamente as emoções.

Através deste método, é possível promover o autoconhecimento e a capacitação para reestruturar as emoções, objetivando o sucesso pessoal, profissional e financeiro.

O conceito inovador da Arquitetura Emocional vai ajudar você a romper barreiras, quebrar paradigmas, vencer seus medos e proporcionar condições muito melhores para encontrar o sucesso e a felicidade.

> O projeto ideal não existe,
> a cada projeto existe a oportunidade
> de realizar uma aproximação.
>
> Eu acho que a questão fundamental da
> arquitetura é resolver problemas. Portanto,
> se você quiser dizer assim, que qualidade a
> arquitetura deve ter — imprescindível — se tivesse
> que dizer uma só qualidade, eu acho que ela
> deve ser 'oportuna'. Estamos em cima desse
> planetinha, girando perdidos no universo.
> Agora, ninguém discute mais isso.
>
> **PAULO MENDES DA ROCHA**